Rollett

Der Tod des Maklers

Heimo Rollett

DER TOD DES MAKLERS

Und seine Rückkehr als Held

IMMO
BILIEN
WIRT
SCHAFT EDITION

Linde

Bibliografische Information der Deutschen Nationalbibliothek
Die Deutsche Nationalbibliothek verzeichnet diese Publikation in der Deutschen Nationalbibliografie; detaillierte bibliografische Daten sind im Internet über http://dnb.d-nb.de abrufbar.

ISBN 978-3-7073-3533-0

© Linde Verlag Ges.m.b.H., Wien 2016
1210 Wien, Scheydgasse 24, Tel.: 01/24 630
www.lindeverlag.de
www.lindeverlag.at

Umschlag: Egger & Lerch/Vera Kapfenberger
Satz: Linde Verlag Ges.m.b.H., Wien 2016

Druck: Hans Jentzsch & Co GmbH
1210 Wien, Scheydgasse 31
Dieses Buch wurde in Österreich hergestellt.

PEFC
PEFC/06-39-15

PEFC zertifiziert
Dieses Produkt stammt aus nachhaltig bewirtschafteten Wäldern und kontrollierten Quellen
www.pefc.at

Gedruckt nach der Richtlinie „Druckerzeugnisse" des Österreichischen Umweltzeichens, Druckerei Hans Jentzsch & Co GmbH, UW Nr. 790

mit biologischen Druckfarben
Jentzsch

INHALT

Vorwort 9

Über das Buch 10

Über die Co-Autoren 11

I. Ausgangslage 13

A. Prügelknabe und Melkkuh 14
1. Gegner Politik 14
2. Die eigenen Reihen 15
3. Softwareanbieter zocken Makler ab 16
4. Abgeber und Abnehmer 17
5. Image 18
B. Schwer hat er's auch nicht 27
C. Wer, was und wie viel eigentlich? Zahlen zum Maklermarkt 30
D. Markt ohne Makler 38
1. Die Haftung des Immobilienmaklers (Bernadette Zelger) 39

II. Schockphase: Veränderungen 43

A. Einleitung 44
B. Plattformen: Wer braucht immer mehr? 47
1. Werden Plattformen den Makler ersetzen? 49
C. Hilfreich und clever: Metasuchmaschinen 53
D. Subversiv und innovativ: Die Disruptoren 55
1. Klassische Vermarktung (altes Modell) 56
2. Marktplatz 56
3. Matching 57
4. Bewertungs-/Vergleichsportale 58
5. Direkte Vermarktung 59
6. Noch mehr Ideen 60
7. Beispiele disruptiver Plattformen 65
E. Online versus offline 76
F. Facebook und Co 78
G. Big Data 79
H. Visualisierung und virtuelle Besichtigungen 81
I. BIM 84

III. Die Helden von morgen: Neue Geschäftsmodelle und Auswege aus dem Provisionsdilemma 87

A. Alternative Provisionsmodelle 88
1. Modulartiges Tarifsystem 89
2. Rechtlicher Hintergrund (Bernadette Zelger) 92
3. Honorar über Betriebskosten 95
4. Nur der Abgeber 96
5. Abnehmer 97
6. Besteller 99
7. Andere Erlösmodelle 100
8. Stadt – Land – ungerecht 102
B. Doppelvertretung 104
C. Sharing Economy – MLS 108
D. Positionierung 117
1. Farming – Local Heroes 118
2. Mediation – echte Vermittler 121
3. Suchmakler 124
4. Massenmakler 125
5. Premiummakler 127
6. Themenführerschaft übernehmen 128
E. Marketing denken, Marketing leben 131
1. Spezialist für Besichtigungen 133
2. Home Staging 134
F. Digitale Strategien und Maßnahmen (Jan Königstätter) 136
1. Owned Properties 139
2. Paid Properties 145
3. Earned Media 146
4. Soziale Medien 147
5. In Google gefunden werden 148
6. Auswahl von Dienstleister 152

IV. Lernen von anderen Märkten 155

A. Lessons learned: Deutschland und das Bestellerprinzip 156
1. Erste Konsequenzen 156
2. Auswirkungen auf den Markt 157
3. Makler verschwinden 160
4. Maklergebühren halbiert 160
5. Strategien der Makler 160
6. Makler greifen zu Tricks 161

7. Lessons learned 162
8. Nächster Schritt: Bestellerprinzip auch für Käufe 162
9. Handlungsempfehlungen 164
10. Rechtlicher Hintergrund (Daniel Lühmann) 168
B. Kanada 177

V. Mehr! 181

A. Rechtliche Hintergründe (Bernadette Zelger) 181
1. Anhang zu den Verbraucherschutzbestimmungen nach dem FAGG 181
2. Anhang: Derzeitige Provisionen 185
3. Voraussetzung zur Makler-Berufszulassung 189

Vorwort

Stellen Sie den Sekt kalt. Egal, ob Sie Makler, Immobiliensuchender oder Eigentümer sind: Es wird für alle besser.

Davor muss der Schaumwein aber noch kühlen. Das wird eine taffe Zeit und es gibt viel zu erledigen. Vor allem für die Makler, wenn sie die nächsten zehn Jahre überleben wollen. Die Google-Ökonomie radiert ihre aktuellen Geschäftsmodelle aus, Wertschöpfungsketten werden verdichtet, ineffiziente Märkte verschwinden, egal, ob es sich um große oder kleine Industrien (siehe Reisebüros, die Musikindustrie, Versicherungen) handelt. Und dann überrascht die Politik möglicherweise auch noch mit neuen Honorarrichtlinien wie dem Bestellerprinzip.

Es gibt viele Wege, sich schon jetzt fit zu machen für die Veränderungen. In diesem Buch sind einige skizziert. Die Ersten, die Mutigen werden es leichter haben. Jeder, der rechtzeitig antizipiert, gewinnt. Manche von Ihnen werden zu Helden. Zum unumgänglichen Berater für Ihre gerne zahlenden Kunden, zum selbstverständlichen Verkaufskanal für Abgeber, zum Internetkaiser in Sachen Immobilien. Ach ja, und manche von Ihnen werden sterben. Wer weiterwurstelt und sein Geschäftsmodell ohne klaren Kundennutzen und ohne Positionierung aufbaut, der wird die Sektkorken der Ex-Kollegen hören, während er im Warteraum des AMS Löcher in die Luft starrt.

So radikal? Ja. Aber auch so einfach.

Wien, Mai 2016 *Heimo Rollett*

Über das Buch

„Ein Journalist muss eine gewisse Arroganz besitzen, muss sich frei fühlen, von jeder Macht unabhängig“, hielt der italienische Schriftsteller und Journalist Tiziano Terzani in seinem berührenden Werk „Das Ende ist mein Anfang“ fest. Wer sich an der Wirklichkeit orientiert, der darf keine Rücksicht auf Befindlichkeiten nehmen. Gerade nicht auf die der Makler! Dieses Buch macht jene Veränderungen lesbar, die den Beruf des Immobilienmaklers in den kommenden Jahren verändern werden, und es zeigt mögliche Auswege auf. Selbst wenn manches in diesem Buch unangenehm scheint, ist es wichtig, die Zeichen der Zeit aus einer neutralen Position zu sehen. Das ist der Anspruch dieses Buchs. Offen, unvoreingenommen und neutral zu sein. Es ist nicht dazu da, um anzuecken, aber auch nicht um zu schonen.

Noch eine wichtige Anmerkung: Wie gut würde es der restlichen Immobilienbranche tun, wenn sie sich an die Geschlechterverteilung der Makler annähern würde! Fast die Hälfte der Immobilienvermittler sind Frauen, 42 Prozent, um genau zu sein. Nebenbei erwähnt sind sie mit ihrem Job auch deutlich zufriedener als Männer, so eine 2012 durchgeführte Studie von Integral Markt- und Meinungsforschung. Einzig der besseren Lesbarkeit halber wird in diesem Buch auf die gleichzeitige Verwendung männlicher und weiblicher Sprachformen verzichtet, gemeint sind freilich immer beiderlei Geschlechter.

Über die Co-Autoren

Jan Königstätter

Jan Königstätter beschäftigt sich seit über 12 Jahren mit dem Thema Webanalyse & Suchmaschinenoptimierung. 2002 wurde er technischer Leiter der Immobilienplattform immodirekt.at, davor war er einige Jahre als selbstständiger Softwareentwickler tätig. 2009 wechselte er zu derStandard.at und baute dort den Bereich Webanalyse, Suchmaschinenoptimierung und Suchmaschinenmarketing auf und aus. 2014 gründete er zusammen mit Markus Inzinger die Otago Online Consulting GmbH, die auf Beratung im Bereich Suchmaschinenoptimierung und Suchmaschinenmarketing spezialisiert ist. Der Immobilie ist er treu geblieben und unterstützt Immobilienportale und Makler im Online-Marketing.

www.otago.at

Daniel Lühmann

Seit 2015 ist Daniel Lühmann als Rechtsanwalt für die Ernst & Young Law GmbH Rechtsanwaltsgesellschaft Steuerberatungsgesellschaft am Standort Frankfurt am Main im Bereich Bank- und Kapitalmarktrecht tätig. Zuvor arbeitete er bei zwei anderen führenden internationalen Wirtschaftsrechtsanwaltskanzleien in Wien.

Aufgrund seiner Expertise hat Herr Lühmann für dieses Buch einen Überblick über die rechtliche Situation in Deutschland geschrieben, die das sogenannte Bestellerprinzip regelt.

www.ey.com

Bernhard Schaus

Bernhard Schaus ist Blogger und weiß, was er tippt: Er arbeitet selbst seit 2009 als Makler und saniert Altbauwohnungen in Berlin. In seinen weitsichtigen Beiträgen schreibt Schaus über die Zukunft der Immobilienvermittlung und über Alternativen zu den gewohnten Trampelpfaden. Für dieses Buch beschreibt er, wie das Multiple-Listig-Service in den USA funktioniert.

www.immobilien-akquiseprofis.de

Bernadette Zelger

Bernadette Zelger ist Rechtsanwaltsanwärterin in Wien und im Bereich Immobilien- und Liegenschaftsrecht tätig. Seit 2015 ist sie bei der WOLF THEISS Rechtsanwälte GmbH & Co KG. Zuvor war sie mehrere Jahre bei der Schönherr Rechtsanwälte GmbH u.a. auch im Bereich Real Estate beschäftigt.

www.wolftheiss.com

I. Ausgangslage

Ein Handy, ein Laptop und eine Software, viel mehr Betriebsmittel braucht ein Wohnungsmakler nicht. Ein aufgelegter Elfer? Mitnichten. Kein Beruf hat so viele Feinde wie dieser. Das Image ist so schlecht, dass sich die Katze in den Schwanz beißt und Kunden gar keine großen Leistungen mehr erwarten. Und daher auch nichts zahlen wollen. Trotzdem verdienen viele Makler noch immer blendend. Der Maklerberuf: ein Paradoxon.

A. Prügelknabe und Melkkuh

„Provisionsfrei vom Bauträger!" – Hurra, denkt sich der Konsument und will gleich zugreifen. Offensichtlich ist die Preissensibilität beim Kauf einer neuen Wohnung diffus. Ist ein Makler zu zahlen, findet der Neubewohner die Summe reflexartig zu hoch. Kostet die Wohnung direkt vom Bauträger um genau dieselbe Summer mehr, ist's ihm egal. Und natürlich rechnet jeder Bauträger diesen Betrag in seine Vermarktungskosten mit ein und jeder Käufer zahlt die Vermittlung mit – nur halt im Gesamtpackage, und da juckt es ihn anscheinend gar nicht.

Der Immobilienmakler in Österreich ist ein armer Kerl. Von allen Seiten wird auf ihn eingedroschen. Von der Politik, vom Abnehmer, von Branchenkollegen aus der Immobilienwirtschaft und selbst der Abgeber ist nicht immer sein Freund. Keine Sorge, der Makler trägt dazu auch noch was bei, aber dazu später.

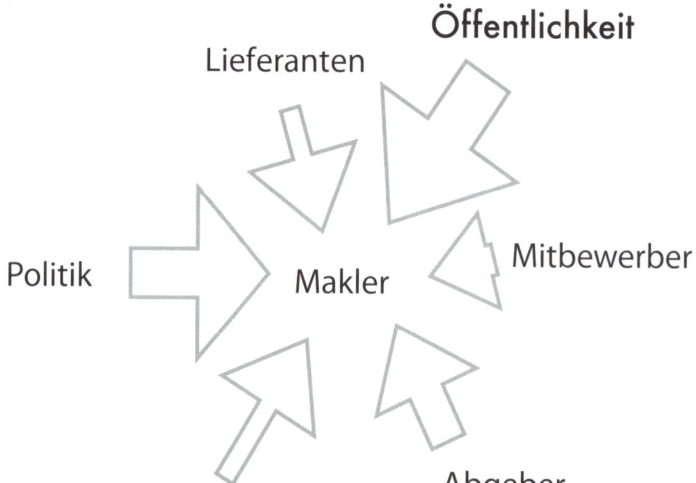

1. Gegner Politik

Der Makler teilt ein wenig das Schicksal seiner Branchenkollegen, die im Fachverband Immobilien- und Vermögenstreuhänder zusammengefasst sind. Er ist keine Zielgruppe für die Politik. Mit 4.356 Maklermitgliedschaften bilden Makler die Mehrheit in dem Verband der Wirtschaftskammer Österreich. Als offizielle Interessenvertretung und gewichtiger Sozialpartner sollte dem Fachverband also eine ordentliche Portion politischer Einfluss zukommen. Auch wenn ich persönlich der Effektivität und der Effizienz der Wirtschaftskammer in vielen Bereichen das Attribut „bemerkenswert altmodisch" anklebe, keinem der führenden Kräfte des Fachverbandes kann man ankreiden, dass er nicht für seine Mitglieder gekämpft hätte. Vor allem für die Makler. Das Ergebnis, dass diese Kraft aber viel zu gering ist, um etwa Provisionskürzungen wie im Jahre 2010 zu vermeiden, zeigt: Die Makler sind der Bundespolitik völlig egal. Nein, schlimmer: Sie sind willkommene Prügelknaben. Lieber die paar Tausend Wählerstimmen der Makler verlieren und dafür einen Sündenbock fürs teure Wohnen und ähnliche Konstrukte haben. Man kann über Provisionen nachdenken, ja, man muss, das wird dieses Buch noch zeigen. Aber den Immobilienmakler als strategischen Fußabstreifer für die kurzfristige Stimmenmaximierung zu verwenden, ist eine besonders perfide Ausprägung einer Parteipolitik ohne Ideale.

Im Übrigen ist das kein österreichisches Phänomen. Die Einführung des Bestellerprinzips in Deutschland kann man nur als populistische Maßnahme sehen und die Interessenverbände gestehen frustriert ihre Machtlosigkeit ein: „Ernsthafte Einbindung der Makler und ihrer Verbände wie BVFI und IVD? Nicht wirklich. Stattdessen wurde das Gesetz im Hau-Ruck-Verfahren durchgezogen. In der Öffentlichkeit kommt es schließlich gut an, wenn man den unbeliebten Maklern vor den Karren fährt", schreibt Michael Herrmann in dem BVFI-Magazin ImmoCompact. Als Österreicher kann man nur dankbar sein, dass uns die Deutschen wieder einmal etwas vorhüpfen und wir daraus lernen können.

Die EU schließlich tut ihr Weiteres dazu, die eigentliche Maklertätigkeit mit Bürokratie zu blockieren – Stichworte: Verbraucherrechte-Richtlinie, Energieausweise etc.

2. Die eigenen Reihen

Niemand mag den Makler wirklich. Nicht einmal seine eigene Branche. Bauträger sehen ihn eher als lästiges Übel in der Vermarktung und gründen lieber selbst eine Vertriebstochter. Vorteil: Man überlässt die Marge nicht jemand anderen, kann den Vertrieb besser steuern und hat Gewissheit, dass sich die Makler/die Vertriebsmitarbeiter auch sicher um das Objekt kümmern (nicht alle Immobilien gehen weg wie die warmen Semmeln im urbanen Raum). „Es gibt ein ganz abstraktes Maklerrecht und im Maklergesetz ist definiert, dass ein Eigengeschäft keine Provisionspflicht bringt. Wenn es ein wirtschaftliches Naheverhältnis gibt, muss man darauf hinweisen. Das sind die Rahmenbedingungen, die der Gesetzgeber im Maklerrecht vorgegeben hat – und das ist Zivilrecht“, erklärt ÖVI-Geschäftsführer Anton Holzapfel. Die Frage, ob jemand gewerberechtlich korrekt vorgehe, sei eine andere.

Hausverwaltungen umgehen dieses Szenario entweder, indem sie ein eigenes Maklerunternehmen gründen und somit auch für Dritte vermitteln oder aber indem sie sich in Absprache die gegenseitigen Bestände mailen oder – noch dreister – indem sie Kickback-Zahlungen von den Maklern verlangen, weil ja die größte Schwierigkeit des Maklerberufs die Akquise von Objekten ist. Das wissen Hausverwaltungen. Kickback klingt schöner als Erpressung.

Dann wären da noch die lieben Kollegen. Auf Veranstaltungen gibt man sich ja gerne zwischen professionell und amikal. Leider kommt dem Neid unter Maklern selbst allerdings ein so hoher Stellenwert zu, dass Gemeinschaftsgeschäfte nicht zur Normalität gehören und die Einführung einer potenziell hilfreichen Methode wie des Multiple-Listig-Service (MLS) schwierig ist. Solange Adressen von Objekten zum wichtigsten Asset eines Maklers gehören, haben sie vor ihren Kollegen Angst.

3. Softwareanbieter zocken Makler ab

Bauernfängerei oder Kartell – man kann die Situation vor noch wenigen Jahren beschreiben, wie man will, jedenfalls hat drei große Anbieter von Maklersoftware der Größenwahn der Internet Economy gepackt. Sie kassierten einfach von allen Seiten und zockten den Makler eigentlich dreifach ab. Er muss für die Benutzung der Software zahlen, eine wesentliche Funktion der Software ist, dass der Makler damit seine Objekte verwalten kann und sie mit einem Mausklick in mehreren Plattformen inserieren kann.

Frechheit siegt, dachten sich die Softwarehersteller damals und verlangten einfach nochmal eine Gebühr vom Makler, wenn er auf bestimmten Plattformen inserieren wollte – was ja eigentlich Teil der Grundidee der Maklersoftware ist. Aber sei's drum, die Anbieter nutzten mit diesem dreisten Preismodell ihre Vormachtstellung aus. Jetzt wird es aber richtig bizarr. Die gierigen Softwareanbieter gingen auch noch zu den Plattformen und kassierten, damit die Objekte dorthin durchgeschalten würden.

Die Verträge variieren, durchschnittlich verlangten die Softwarepiraten zwölf bis 20 Cent pro durchgestelltem Objekt oder rund 15 Prozent vom Umsatz, der durch die Objekte, die von der Software eingespielt wurden, erzielt wurde. Weil Deppensteuer blöd klingt, druckten die Softwareanbieter Begriffe wie „Kosten zur Herstellung von Schnittstellen" auf die Rechnungen. Lean Management geht anders.

Damit wurden drei große Softwareanbieter und ein kleiner, der bei dem Spiel mitmachte, selbst zu einer Art Zwischenmakler inklusive Doppelvertretung. Die Makler selbst zahlen teilweise bis heute doppelt und dreifach, denn die Kosten der Plattformen aufgrund der Zahlungen an die Maklersoftware erhöhen natürlich die Inseratenpreise.

Der Markt richtet diese fürchterliche Situation nun langsam. Es zeigt sich in den letzten Jahren, dass jene Softwareanbieter, die ihre Produkte und auch Preismodelle nicht anpassen, rasant an Marktanteilen verlieren. Neue, schlanke und faire Anbieter sind auf den Markt gekommen und ziehen nach und nach die Kunden von den gierigen Dinosauriern ab (die meist vorsorglich Klauseln in den Vertrag geschummelt hatten, die hohe Pönalen bei einem Ausstieg von der Software vorsehen).

4. Abgeber und Abnehmer

Die Geschichte der Maklerleistungen und deren Honorierung ist eine Geschichte voller Missverständnisse. Der Klassiker lautet: Jeder will die Leistung vom Makler, keiner will sie bezahlen.

Ob dieser Satz so richtig ist? Er stammt vornehmlich von den Maklern selbst. Wer sagt denn, dass der Konsument genau die Leistungen will, die der Makler anbietet? Das Dilemma liegt doch vielmehr darin, dass der Abnehmer für einen

Makler zahlen muss, den er sich nicht einmal aussuchen kann und der möglicherweise seine Interessen – naja – möglicherweise vertritt (siehe Doppelvertretung).

Jemand, der Zeit und Wissen hat und sich selbst ein Inserat erstellt oder ein Exposé mit einem der zahlreichen Hilfen im Internet zusammenbastelt, sieht darin weniger ökonomischen Wert. Wer sagt, dass der Kunde eine Besichtigung wünscht, bei dem ein Profi anwesend ist? Zumal die Imagestudien beweisen, dass die Mehrheit ohnehin nicht davon ausgeht, dass ein Experte anwesend ist, sondern man eigentlich erst einmal einen Eindruck der Wohnung bekommen möchte – möglicherweise auch, weil im Inserat einfach zu wenige Fotos, ein schlechter Grundriss und keine Adresse angegeben waren.

Am Ende führt das Ganze zu einer Frustration beim Kunden. Hätte er Leistungen, die er konkret wollte, bei einem Makler, den er aussuchen konnte, konsumiert, wäre die Zufriedenheit von vornherein höher, weil Bedürfnisse befriedigt wurden. Ausreden über eine mindere Leistung der Makler und das Schlechtreden des Berufsstandes fänden dann ein Ende.

Das Bittere ist sicherlich: Viele der klassischen Leistungen wollen nicht bezogen werden oder wollen in einer anderen Art und Weise und in einer anderen Qualität gekauft werden – siehe etwa Bewertungen etc. Zudem steigt der Druck konsumentenseitig wie überall an. 2012 fragte das Markt- und Meinungsforschungsinstitut Integral die Makler nach den Schwierigkeiten in ihrem Arbeitsalltag. Zwei Drittel der Makler hielten damals schon die Käufer und die Verkäufer für kritischer als früher. Mehr als die Hälfte beklagte, dass die Objektakquise schwieriger geworden sei. Alleinaufträge gab es früher auch leichter, meinten 42 Prozent. Sie wünschten sich mehr Realitätsnähe: Bei den Abgebern, indem sie realistischere Preise akzeptierten, und bei den Suchenden, dass Preis und Leistung des Wunschobjektes auch so marktnah wären, dass das Objekt nicht in der Kategorie unerfüllter Traum landete.

5. Image

Das Positive vorweg: „Ein eher negatives Fremdbild muss nicht von vornherein schlecht sein, sondern bietet oft die Möglichkeit der positiven Profilierung“, schreibt Reinhold Lexer, Obmann-Stellvertreter des Fachverbands der Immobilien- und Vermögenstreuhänder Österreich und selbst Immobilienmakler, im Kontext der Mediation.

Wie alle leicht erraten, war das aber schon fast das einzig Positive zum Thema Maklerimage. Ich würde übrigens nicht behaupten, dass Rankings eine wirklich gute Sache sind, die Leser wollen das so und die Medien reihen auf Teufel komm raus. Trotzdem, reden wir nicht drum herum: Das Image des Maklers in der Öffentlichkeit *ist* de facto schlecht. Und es sei erlaubt, die bisher wichtigsten Studien zusammenzufassen und zu analysieren, warum die Situation so ist, wie sie ist.

Eines wird gerne in der Diskussion um das Image vergessen. Nämlich: Wer macht denn diese Meinung? Die öffentliche Idee zum Immobilienmakler stammt ja weniger von wenigen zufriedenen Hauskäufern als von der Masse. Die sucht im Durchschnitt kleinere Wohnungen, meist zur Miete. Monetär minder ausgestattet, kommt es bei ihnen auf jeden Cent an. Und blöderweise sind gerade das die Wohnungen, die für Makler – mit dem heutigen Provisionssystem – am wenigsten interessant sind.

a) Studienergebnisse

Auf eigentlich recht gute Werte kommt eine Konsumentenbefragung vom Sommer 2012, damals meinten 80 Prozent der Befragten, dass die meisten Makler seriös seien. Immerhin 36 Prozent stimmten der Aussage zu, dass die österreichischen Immobilienvermittler professioneller geworden seien (Quelle marketagent/ImmobilienScout24). Interessant ist, dass die Makler eigentlich, sagen wir mehr oder weniger als okay wahrgenommen werden, und die Leute sind auch bereit, das zu bezahlen, die Höhe der Bezahlung stößt aber auf relativ hohe Ablehnung.

Was genau stört?

Eine repräsentative Studie des Markt- und Meinungsforschungsunternehmens neuberger research unterstreicht 2014 die bisherigen Ergebnisse und liefert auch Informationen dazu, was denn dic Leute an den Maklern stört. Für eine Dienstleistung ist es jedenfalls kein gutes Zeugnis, wenn 35 Prozent der Befragten gar nicht oder eher nicht mit ihr zufrieden sind. Der fast einhellige Tenor: Am liebsten würde man auf den Makler verzichten, es gehe halt leider nur selten. Knapp 50 Prozent könnten nichts Gutes über Makler sagen (haben eine „eher schlechte bis sehr schlechte Meinung“ über sie).

DIE MEINUNG: IMMOBILIENMAKLER ...

... kümmern sich nur um ihre Provisionen, die Kunden interessieren sie nicht
42 %

... haben ein schlechtes Image in der österreichischen Bevölkerung
69 %

... braucht man bei der Suche nach eine Immobilie nicht, das kann man selber besser
56 %

... bieten ein gutes Preis-Leistungs-Verhältnis an
33 %

... kennen sich am Immobilienmarkt sehr gut aus
78 %

... helfen, schneller das Objekt zu finden
77 %

Die Prozentangaben beziehen sich auf jene, die die Aussagen für sehr bzw. eher zutreffen halten. Quelle: neuberger research 2014.

Ein einfacher Zettel

Eines verstehe ich nicht, nämlich warum nicht schon seit vielen Jahren jeder Makler dem Kunden beim ersten Kontakt ein ordentlich entworfenes Stück Papier in die Hand gibt, auf dem steht „Das sind meine Leistungen für Sie“, denn dann ist klar und für den Kunden verständlich formuliert, was er am Makler hat. Alle Vorteile auf einen Blick. Stattdessen schreckt der erste Satz, den ein Suchender im Inserat liest, gleich einmal ab, weil er irgendetwas von Rücktrittsrecht erzählt. Das muss nicht so sein, wie später noch gezeigt werden wird.

b) Ursachen

Die Leistung des Maklers fände einfach viel zu wenig Beachtung, meinten 72 Prozent der befragten Makler bei einer Umfrage von ImmobilienScout24.

Nur 61 Makler machten bei der Onlinebefragung mit (warum?), repräsentativ ist das jedenfalls nicht. Egal, spannend ist dennoch ihre Forderung: schärfere Gangart beim Vorgehen gegen schwarze Schafe, die ohne Maklerberechtigung am Markt unterwegs sind, verschärfte standesrechtliche Konsequenzen und rigidere Kontrollen, wollen sie. Recht so! Aber wer soll das machen? Die Kammer jedenfalls nicht, so etwa winkt Michael Pisecky, Chef der S Real Immobilienvermittlung und zugleich Obmann der Immobilientreuhänder der Wirtschaftskammer Wien, in einem vom Magazin immobilien investment organisierten Round Table zum Thema Maklerimage ab. „Wir haben einen Mitarbeiter, der nichts anderes macht, als nur Unternehmen zu überprüfen. Etwa 20, 30 Betriebe werden der Gewerbebehörde gemeldet oder es geht in Richtung unlauteren Wettbewerb. Ausschließen werden wir niemanden. Wir sind eine Interessenvertretung und keine Exekutionsbehörde. Das ist Sache der Gewerbebehörde. Wir vertreten immer alle", wird Pisecky in dem Magazin zitiert.

„Es gibt immer wieder Käufer/Mieter, die über einen Makler gekauft/gemietet haben, aber mit der Dienstleistung sehr unzufrieden waren. Auf die Frage, warum sie dann bei dem Makler das Geschäft gemacht haben, kommt die Antwort. ‚Er hatte die richtige Immobilie im Angebot und wir wollten diese unbedingt haben'", schreibt Richard Fetscher in seiner Masterarbeit, die schon 2008 den „Immobilienmakler der Zukunft" beleuchtete. Wahrlich eine Zwangsbeglückung, die auch Pisecky bei dem oben erwähnten Round Table unterstrich, denn der Kunde könne nicht den nehmen, dem er vertraue, müsse ihn aber zahlen.

Unikate

Über mögliche Ursachen für die katastrophalen Umfragewerte schreibt Fetscher: „Das würde einem Verkäufer im Handel beispielsweise nie passieren, denn wenn hier der Verkäufer missfällt, geht der Kunde sicher zu einem Parallelanbieter und kauft eben dort. Das heißt, der Umstand, dass Gebrauchtimmobilien Unikate sind, führt dazu, dass auch schlechte Makler ein Geschäft machen können. Wenn der Abgeber überzeugen kann, dass er die Immobilie anbieten darf (und das ist mit einem sogenannten ‚schlichten Auftrag nicht so schwer), ‚setzt' er sich, symbolisch gesehen, auf die Immobilie drauf und wartet, bis der richtige Käufer/Mieter kommt. Doch das alleine kann nicht schuld sein, dass der Kunde dem Makler ein so schlechtes Zeugnis ausstellt. Ich denke, es liegt wie so oft am Geld. Dabei ist es gar nicht das Thema, dass der Makler an der Vermittlung etwas verdient, sondern es ist die Höhe im Verhältnis zur sichtbaren Leistung."

Die Fachvereinigung Immobilien des Sozialdemokratischen Wirtschaftsverbandes analysiert weitere Gründe: „Aus unserer Sicht beginnt es mit der Zumutung an Kunden, sich mit ‚KollegInnen' auseinandersetzen zu müssen, welche noch nie ein Lehrbuch, einen Lehrsaal oder Ähnliches erlebt haben, und dennoch munter drauflos ‚beraten'. Wir muten unseren Kunden zu, eine ihrer wichtigsten Entscheidungen mit ‚Pfuschern' (zumindest im Kompetenzsinne) zu treffen. Weiters, und da kann ich auch die Medien nicht ausnehmen – only bad news are good news –, wird jeder aufpoppende Fall eines schlechten Maklers sofort öffentlich gemacht und – und das ist eigentlich das Schlimmste bzw. Verwerflichste – eine Branche pauschaliert vorverurteilt. Überall gibt es diese berühmten schwarzen Schafe, aber in unserer Branche werden diese besonders gern vor den Vorhang gestellt – allerdings als Branche und nicht als Einzeltäter. (...) Auch haben sicher manche Praktiken im Umgang mit Bargeld das ihre dazu beigetragen, wie auch die völlige Ignoranz von Kundeninteressen. Also ein breites Potpourri an Dingen, die in Summe Auffälligkeiten ergeben haben."

c) Selbstwahrnehmung

Dem schlechten Image steht eine Selbsteinschätzung der Makler gegenüber, die logisch nicht ganz zusammenpasst. Eine Studie von Integral Markt- und Meinungsforschung 2012 ergab: 85 Prozent der Befragten sind mit ihrem Job zufrieden bzw. sehr zufrieden. Größere Büros, also über fünf Mitarbeiter, tendierten deutlich eher zu einer hohen Zufriedenheit. Allgemein denken nur sechs Prozent über einen Jobwechsel nach. Das sind doch ganz gute Zahlen, die bei dieser repräsentativen, von ImmoblienScout24 in Auftrag gegebenen Befragung, herauskamen. Über drei Viertel der Makler würden ihren Beruf sogar wieder wählen!

Die Makler sind mit ihrem Job also eigentlich recht zufrieden, ihr Image in der Öffentlichkeit ist aber schlecht. Eine seltsame Kombination.

d) Beispiel Konsumentenschutz

Als ob der Immobilienmakler mit den zuvor beschriebenen Feinden auf allen Seiten nicht schon genügend Probleme hätte. Nein, da kommt dann zum Beispiel auch noch die EU mit ihrer Verbraucherrechte-Richtlinie daher. An sich ja eine tolle Sache, wenn der Konsument von einem Rechtsgeschäft, das außerhalb der Geschäftsräume eines Unternehmers zustande kommt, innerhalb von 14 Tagen nach Abschluss zurücktreten kann. Im Falle des Immobilienmaklers bringt das aber ziemlich ungünstige Umstände und der Schuss ging insofern nach hinten los, als dass der Konsument nun eher verwirrt und beleidigt sein dürfte. Und zwar von Anfang an, denn bevor der Makler überhaupt servicieren darf, muss er den Kunden mit Bürokratie belästigen. Das Image leidet in der Folge noch mehr. Und der Makler hat nur noch mehr Aufwand, den er ja irgendwie auch einpreisen muss. Was diese Einführung für den Makler bedeutet, sei hier exemplarisch gezeigt. Co-Autorin Bernadette Zelger erläutert im folgenden Kapitel den rechtlichen Hintergrund. Wenn Sie selbst Makler sind, können Sie diese Passage (hoffentlich) überspringen, die Punkte „Beste Practice" und „verbraucherfreundliche Gestaltung" könnten Sie dennoch interessieren, weil sie zeigen, wie man rechtlich korrekt und dennoch möglichst kundenorientiert handelt.

aa) Rechtlicher Hintergrund (Bernadette Zelger)

Konsumentenschutz (Haustürgeschäft und Rücktritt beim Immobiliengeschäft)

Das österreichische KSchG beinhaltet eine Vielzahl an Bestimmungen zum Schutz des Verbrauchers. Das KSchG gilt für Rechtsgeschäfte, die zwischen Unternehmern einerseits und Verbrauchern andererseits geschlossen werden. Unternehmer im Sinne des § 1 KSchG ist jemand, für den das Geschäft zum Betrieb seines Unternehmens gehört. Dahingegen sind Verbraucher all jene Personen, auf die dies nicht zutrifft.

Für Immobiliengeschäfte sind insbesondere die §§ 3 und 30a ff KSchG von Bedeutung. Diese normieren unter anderem ein Rücktrittsrecht zum Schutz des Verbrauchers bei sogenannten Haustürgeschäften[1] (§ 3 KSchG) sowie zudem

---

[1] Das sind Geschäfte, die durch eine Vertragserklärung des Verbrauchers zustande kommen, welche weder in den Geschäftsräumlichkeiten des Unternehmers noch bei einem vom Unternehmer auf einer Messe oder einem Markt benützten Stand abgegeben wurde.

ein Recht zum Rücktritt von Immobiliengeschäften (§ 30a KSchG) und besondere Aufklärungspflichten des Immobilienmaklers (§ 30b KSchG).[2]

Erweiterungen des Verbraucherschutzes durch die EU-Richtlinie über Verbraucherrechte[3]

Die EU-Richtlinie über Verbraucherrechte wurde durch das Verbraucherrechte-Richtlinien-Umsetzungsgesetz („VRUG"), das zum einen zu Änderungen des österreichischen Konsumentenschutzgesetzes („KSchG") führte und in Österreich zudem ein neues Gesetz, das Fern- und Auswärtsgeschäfte-Gesetz („FAGG"), mit sich brachte.

Durch das FAGG wurden neben umfangreichen Informationspflichten des Unternehmers, die – damit der Verbraucher überhaupt an den Vertrag oder eine Vertragserklärung gebunden ist – diesem vorab zur Kenntnis gebracht werden müssen, in § 11 FAGG auch ein Rücktrittsrecht des Verbrauchers eingeführt.

Grundsätzlich finden die Bestimmungen des FAGG auf (i) Fernabsatz- und (ii) außerhalb von Geschäftsräumen geschlossene Verträge zwischen Unternehmern und Verbrauchern (iSd § 1 KSchG; siehe dazu oben) Anwendung.

Vom Anwendungsbereich des FAGG ausdrücklich ausgenommen sind jedoch Kaufverträge über Immobilien[4] sowie Wohnungsmietverträge[5]. Auf sonstige Kauf- und Dienstleistungsverträge sind die Bestimmungen des FAGG jedoch grundsätzlich anwendbar. Der Maklervertrag – sofern er daher mit einem Verbraucher geschlossen wird – fällt in den Anwendungsbereich des FAGG.[6]

Verhältnis FAGG – KSchG

§ 3 KSchG bleibt neben den Bestimmungen des FAGG bestehen. Bei Verträgen, die in den Anwendungsbereich des FAGG fallen, kommt § 3 KSchG je-

---

2 Nähere Ausführungen zu den nach dem KSchG bestehenden Pflichten bei Haustür- und Immobiliengeschäften entnehmen Sie bitte dem Anhang.

3 RL 2011/83/EU, ABl. L 304/64 vom 22.11.2011.

4 § 1 Abs. 2 Z 6 FAGG.

5 § 1 Abs. 2 Z 7 FAGG.

6 Nähere Ausführungen zu den nach dem FAGG bestehenden Pflichten entnehmen Sie bitte Kapitel V.

doch regelmäßig nicht zur Anwendung.[7] Auch von § 30a KSchG, der den Rücktritt von Immobiliengeschäften regelt, bleiben Rücktrittsrechte, die dem Verbraucher nach anderen Bestimmungen – insbesondere nach §§ 11 ff. FAGG – zustehen, unberührt.

Zusammenfassend kann daher festgehalten werden, dass auf Miet-, Kauf- sowie Maklerverträge die Bestimmungen des KSchG (§§ 3 und 30a ff KSchG) zur Anwendung kommen, wobei § 3 KSchG – aufgrund der regelmäßigen Anbahnung der Geschäftsbeziehung durch den Verbraucher – in der Praxis eher selten Anwendung findet.

Für Maklerverträge, nicht jedoch für Wohnungsmiet- und Kaufverträge von Immobilien, können – sofern es sich um Fernabsatz- oder außerhalb von Geschäftsräumlichkeiten geschlossene Verträge handelt – zudem die Bestimmungen des FAGG zur Anwendung kommen.

Was bedeutet die Anwendbarkeit des FAGG für mit Verbrauchern geschlossene Maklerverträge?

Insbesondere in Hinblick auf den im Maklervertrag geregelten Provisionsanspruch stellen die Bestimmungen des FAGG den Makler vor neue Herausforderungen in der Praxis. Da Maklerverträge klassischerweise außerhalb von den Geschäftsräumlichkeiten des Maklers geschlossen werden, sind die Bestimmungen des FAGG auf Maklerverträge in der Regel anwendbar.

Die Herausforderung geht damit einher, dass das idR konkludente Zustandekommen des Maklervertrags, indem der interessierte Verbraucher Kontakt zum Makler aufnimmt, der Makler auf seinen Provisionsanspruch hinweist und der Kunde die Tätigkeit des Maklers weiterhin in Anspruch nimmt (indem er sich Unterlagen zu einem bestimmten Objekt zuschicken lässt und einen Besichtigungstermin vereinbart), vor dem Hintergrund der Bestimmungen des FAGG nicht mehr zweckgemäß erscheint. Und zwar deshalb, weil der Makler Gefahr läuft, dass der Maklervertrag innerhalb der 14-tägigen Rücktrittsfrist (§ 11 FAGG) gekündigt wird, obwohl das vermittelte Hauptgeschäft (Miet- oder Kaufvertrag) bereits geschlossen wurde.

Vor diesem Hintergrund empfiehlt es sich für den Makler – zur Sicherung seines Provisionsanspruches –, den Maklervertrag vorab (*daher*: vor

---

[7] § 3 Abs. 3 Z 4 KSchG.

Übermittlung von Informationen hinsichtlich des Objektes, wie z.B. Adresse des Objekts und weiterer Details) mit dem Verbraucher zu schließen. Das bedeutet, dass der Makler vor Abschluss des Maklervertrages seiner Informationspflicht nach dem FAGG inklusive der Aufklärung über das Rücktrittsrecht nachkommen muss und dem Verbraucher zudem ein Muster-Widerrufsformular zur Verfügung zu stellen hat. Damit es dem Makler möglich ist, vor Ablauf der Rücktrittsfrist von 14 Tagen tätig zu werden, sollte vom Verbraucher zudem das ausdrückliche Verlangen eingeholt werden, dass er ein vorzeitiges Tätigwerden wünscht. Zudem sollte der Verbraucher bestätigen, dass er Kenntnis über den Verlust seines Rücktrittsrechtes nach dem FAGG im Fall der Zustimmung zur vorzeitigen Tätigkeit bei vollständiger Erfüllung der Maklervereinbarung durch den Makler vor Ablauf der 14-tägigen Rücktrittsfrist hat.

FAGG – Best Practice

1. Neben den nach den Bestimmungen des KSchG vor Vertragsschluss zu übergebenen Informationen, vorab Übermittlung
   - ☐ eines Informationsblattes mit
     - ✓ sämtlichen zur Erfüllung der Informationspflichten nach dem FAGG erforderlichen Informationen (inklusive Verweis auf Rücktrittsrecht samt Muster-Rücktrittsformular),
     - ✓ den wesentlichen Bestimmungen des Maklervertrages.
   - ☐ einer vom Verbraucher zu unterfertigenden Erklärung, wonach dieser sein ausdrückliches Verlangen kundtut, dass der Makler auf seinen Wunsch hin vor Ablauf der 14-tägigen Rücktrittsfrist mit der vorzeitigen Vertragserfüllung, bei gleichzeitigem Verlust des Rücktrittsrechtes im Fall der vollständigen Vertragserfüllung binnen der 14-tägigen Rücktrittsfrist, beginnen soll.[8]
2. Gegenzeichnung und elektronische Rückübermittlung durch den interessierten Verbraucher.
3. Zurverfügungstellen weiterer Objektinformationen und Vereinbarung eines Besichtigungstermins.

---

8 § 18 Abs. 1 Z 1 FAGG.

Möglichkeiten einer verbraucherfreundlichen Gestaltung
Vor dem Hintergrund des Dienstleistungsgedankens erscheint die im vorangehenden Punkt dargestellte Vorgehensweise nicht unbedingt ideal. Es könnte interessierte Verbraucher unter Umständen irritieren, wenn man ihnen, bevor sie überhaupt Informationen zum Objekt erhalten, bereits mit einem abzuschließenden Maklervertrag „zuwinkt".

Eine rechtlich sichere und den Provisionsanspruch wahrende Vorgehensweise, die aber zugleich kundenfreundlich ist und wenig abschreckend wirkt, ist unseres Erachtens jedoch nicht ausgeschlossen. Verständnis vonseiten des Verbrauchers kann beispielsweise durch einen ausdrücklichen Verweis auf die Notwendigkeit der gewählten Vorgehensweise aufgrund EU-harmonisierter konsumentenschutzrechtlicher Bestimmungen erreicht werden.

B. Schwer hat er's auch nicht

Alle, die über Neues Arbeiten, Desk Sharing, Freiheit und Flexibilität im Job sprechen, könnten eigentlich Makler meinen. In kaum einem anderen Beruf lässt sich die Zeit so gut und doch über weite Strecken hinweg selbstbestimmt einteilen. Für die Erfüllung der Aufgaben sind geringe Betriebsmittel nötig. Die komplette Verwaltung der Objekte, Kunden, Dienste, Büroadministration, Abrechnung, CRM etc. lässt sich über eine einzige Software abbilden. Davon träumen andere nur. Ein Handy gehört noch zur Basisausstattung, das war's dann aber auch schon wieder. Punktum: Einem überschaubaren Risiko steht doch ein respektables, überdurchschnittliches Ertragspotenzial gegenüber.

Makler in den Niederlanden, in Frankreich, Großbritannien, Finnland und Irland sind seit vielen Jahren mehr oder weniger auf Einkünfte aus anderen Serviceleistungen angewiesen. Die Vermittlung von Darlehen, Versicherungen etc. oder die Erstellung von Energiegutachten haben österreichische Makler (noch) nicht notwendig. In England machen solche Zusatzleistungen gerne mal 25 Prozent des Gesamtumsatzes eines Maklers aus, in den Niederlanden sogar 40 Prozent! In wieder anderen Ländern verwalten Makler zugleich die Häuser, was sie hierzulande ja (zumindest nicht direkt) dürfen.

In Österreich geht es vielen Immobilienmaklern finanziell sehr gut. Ich behaupte, so gut, dass sie noch keinen Veränderungsdruck verspüren. Das

Provisionssystem, das das Verrechnen von Honoraren an beide Seiten erlaubt, ist nach wie vor eine vorteilhafte Ausgangsbasis. Egal, ob der Verkäufer oder der Käufer die Macht hat, die Doppeltätigkeit erlaubt dem Makler, die Kräfte auszugleichen. Die Arbeiterkammer kritisiert stets diese Sonderstellung der Makler, Interessenvertretungen der Immobilienwirtschaft versuchen in prompten Reaktionen die AK-Studienergebnisse abzuschwächen oder zu widerlegen, was manchmal gelingt und manchmal nicht. Zehn Jahre lang blieb etwa eine Abschlussarbeit von der FH Wiener Neustadt unter Verschluss, weil der europäische Vergleich hinsichtlich der Doppelvertretung und der Provisionssysteme ganz und gar nicht die vom ÖVI erwünschte Keule gegen die Arbeiterkammer-Studie von Hans Peter Lehofer ergab.

Verständlich daher: Die Devise lautet „Weitermachen wie bisher", egal ob hauptberuflich oder als Ab-und-zu-Makler (auch das ist ein Spezifikum). Wer will sich schon in sonnigen Zeiten über herannahende Gewitterwolken den Kopf zerbrechen? Wie bisher, das heißt: wenig Ameta-Geschäfte, weil die Provision geteilt werden müsste und möglichst dosierte Informationen weitergeben, Hauptsache der Kunde kommt zu einer Besichtigung, auch wenn die Immobilie gar nicht passt. Man wird ihn schon mit etwas anderem beglücken.

Gegenrechnung: Wie viel Zeit kostet das (sowohl dem Makler als auch dem Kunden, der sich nur ärgert und über den Berufsstand schimpfen wird)? Wie viel Glaubwürdigkeit verliert der Makler dabei? Kann man so jemanden weiterempfehlen? In einem konsolidierten Maklermarkt wird es keinen Makler mehr geben, der so ineffizient arbeiten kann.

Womit verbringt der Immobilienmakler sonst so seine Zeit? Die größten Zeitfresser sind Besichtigungen, Büroorganisation, Wertermittlungen von Objekten, das Versenden von Angeboten und die Terminkoordination sowie Telefonate. Zu dieser Einschätzung kam zumindest Lars Grosenick in einem Vortrag am Immobilienforum 2015. Nun ist der gute Mann freilich Geschäftsführer von Flowfact, einem der großen Anbieter für Maklersoftware, und hat naturgemäß ein Interesse am emsigen Verkauf seines Produktes. Wie auch immer, die Auflistung (siehe die folgende Grafik) scheint durchaus der Realität nahezukommen, das bestätigen sowohl große als auch kleine Büros.

Und selbst die Besichtigungen verändern sich. Lassen wir einmal die Möglichkeit weg, eine eigens darauf spezialisierte Agentur zu engagieren oder die Qualität der Besichtigungen zu straffen, indem im Vorfeld schon effektiver echte Interessenten identifiziert werden (etwa über Visualisierungstechnologien), schon allein neue Tools wie etwa Timum versprechen, den Besichtigungsprozess und seine Planung effizienter zu machen.

(www.timum.de)

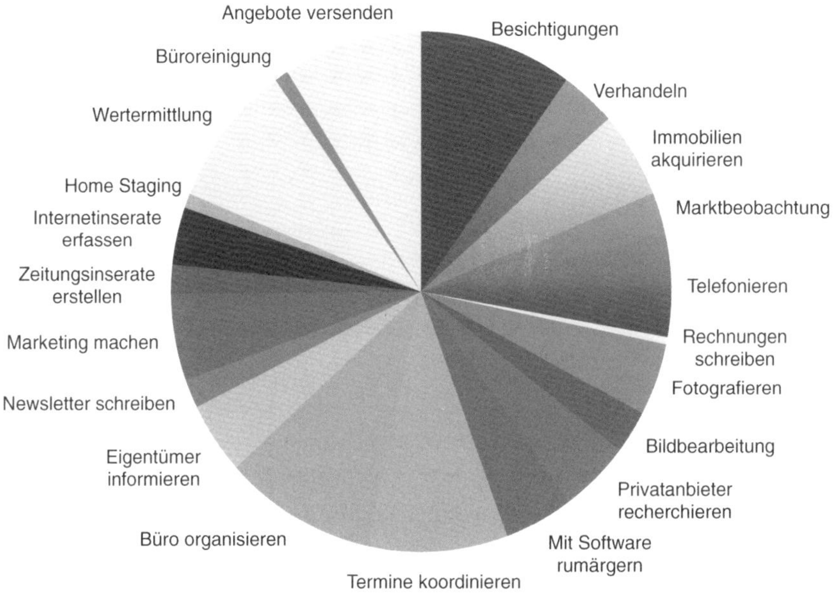

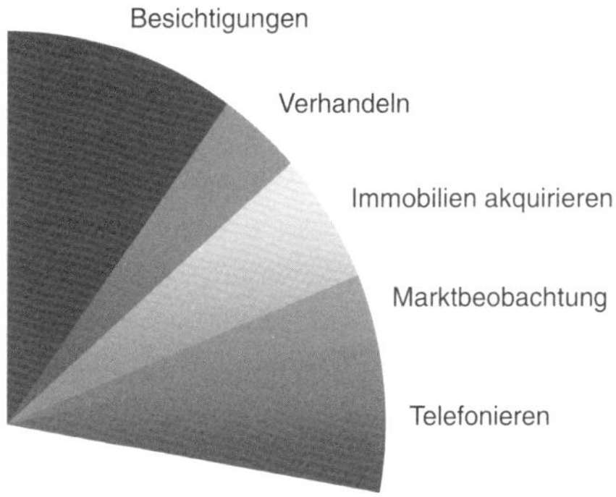

Da ist noch viel Platz für Effizienz: Allein, was die Maklersoftware übernehmen kann (siehe weggelassene Tätigkeiten in der unteren Grafik), wird derzeit von den wenigsten Maklern ausgereizt.

C. Wer, was und wie viel eigentlich? Zahlen zum Maklermarkt

Eigentlich verblüffend: So richtig genaue Zahlen, die aussagen, wie viele Makler es wo gibt, findet man in Österreich nicht. Um endlich einmal ein wenig Kontur in diesen Nebel einer Berufsgruppe zu bringen, nähern wir uns von zwei Seiten. Einerseits gibt die Wirtschaftskammer Anhaltspunkte, wenngleich hier ja auch Makler, die vielleicht einmal im Jahr ein Geschäft machen, mitgezählt werden. Daher die zweite Navigationshilfe: die Datenplattform IMABIS, die für dieses Buch Personen identifiziert hat, die aktiv Online-Inserate schalten. Es dürfte nur wenige Immobilienmakler geben, die auf dieses Marketingtool gänzlich verzichten können.

IMABIS hat im Februar 2016 exakt 6.798 Personen und 3.382 Firmen identifiziert, welche gewerblich auf Internetmarktplätzen Immobilien anbieten. Das zeigt schon einmal, dass es sich durchwegs um eine Branche handelt, in der viele kleine Büros bzw. Einzelkämpfer unterwegs sind. Das wird später noch für die Positionierung in dem sich veränderten Markt relevant werden.

Die Statistikabteilung der Wirtschaftskammer Österreich gibt für den Zeitraum 2015 hingegen um rund 1.000 Firmen mehr an, sie spricht von 4.356 Immobilienmaklerbüros in Österreich, erfasst werden Kammermitgliedschaften. Die Verteilung auf die Bundesländer ist in der folgenden Grafik ersichtlich. Makler machen den Hauptanteil des Fachverbandes Immobilien- und Vermögenstreuhänder aus, mit 2.235 Mitgliedschaften liegen die Bauträger deutlich abgeschlagen auf Platz 2, Immobilienverwalter gibt es nur 1.618.

Immobilienmakler in Österreich

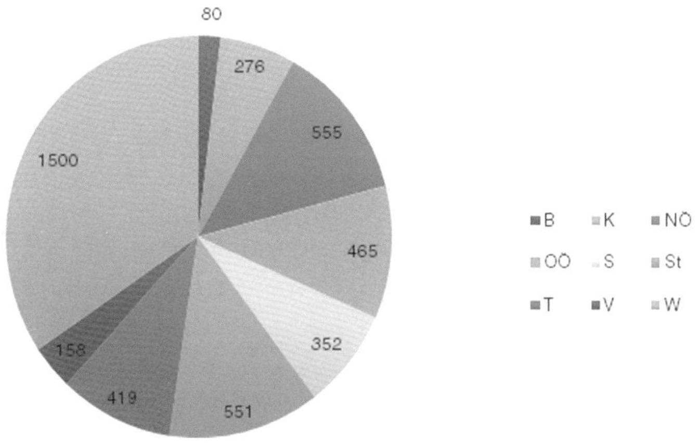

Anzahl der Mitgliedschaften bei der Kammer.
Quelle: WKO, Stand 31.12.2015.

Makler kommen und gehen

Gehen wir also davon aus, dass die Wahrheit zwischen 3.382 (IMABIS) und 4.356 (WKO) Immobilienbüros liegt. Spannend ist die längerfristige Betrachtung auf IMABIS: Von November 2012 bis Februar 2016 hat das Unternehmen insgesamt 5.141 inserierende Unternehmen gezählt, was bedeutet, dass es doch eine beachtenswerte Fluktuation an aktiven Firmen gibt (sogar ohne zu berücksichtigen, dass es auch innerhalb dieser Gesamtheit zu Veränderungen gekommen ist). Noch deutlicher offenbart sich diese Tendenz anhand der inserierenden Personen: 18.137 unterschiedliche inserierende Personen identifizierte IMABIS von November 2012 bis Februar 2016. Zur Erinnerung: Am Stichtag im Februar 2016 waren es 6.798 – es kommen und verschwinden demnach viele Makler vom und am Markt.

Wo stehen wir in Europa?

Vergleichen wir uns einmal mit Deutschland: Dort gibt es rund 12.000 Maklerbüros. Das wären drei Mal so viel in dem doch rund zehn Mal größeren Nachbarland. Um einen noch aussagekräftigeren Vergleich zu erhalten, setzen wir die absolute Anzahl der Makler(-Büros) in Bezug zu den potenziellen Kunden. Da wird schnell klar: Der Markt in Österreich ist hart. Der potenzielle Absatz in Deutschland ist vielversprechender, und das, obwohl die Anzahl der Makler in den letzten Dekaden angestiegen ist. Waren es von 1999 bis 2005 knapp 9.000 sozialversicherungspflichtig beschäftigte Makler, kletterte dieser Wert laut Bundesamt für Arbeit im Jahr 2011 auf 18.126. Dennoch sind das verhältnismäßig weniger Makler als in Österreich und trotzdem kämpfen auch dort die Vermittler ums Überleben.

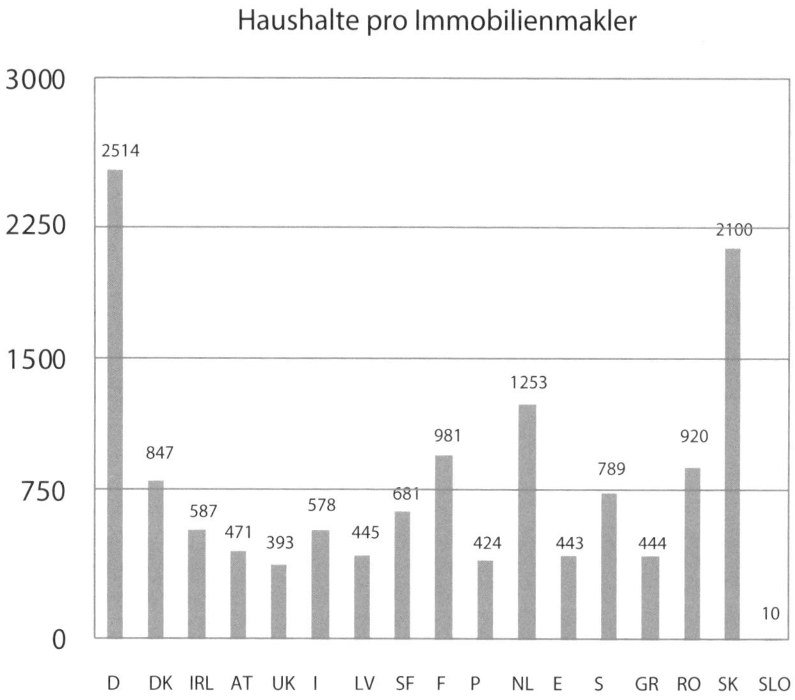

Quelle: IVD/CEI 2007.

Gerade wenn die Diskussion auf das strapazierte Thema leistbares Wohnen gelenkt wird, fällt irgendwann das Thema Maklergebühr. Die Nebenkosten und die Maklergebühren, die ein Teil davon sind, fallen beim Kauf europaweit recht unterschiedlich aus, wie das Beispiel in der folgenden Tabelle zeigt.

Nebenkosten beim Immobilienerwerb bei einem Kaufpreis von 300.000 Euro

	Maklerprovision	Grunderwerbssteuer	Notar und Grundbuchgebühren	Gesamte Nebenkosten	% des Kaufpreises
Großbritannien	€ 6.000	€ 3.000	€ 4.825	€ 13.825	4,6
USA	€ 9.000 bis 15.000	€ 0	€ 3.000	€ 12.000 bis € 21.000	4 bis 7
Schweden	€ 15.000	€ 4.500	€ 95	€ 19.595	6,5
Irland	€ 7.500	€ 11.250	€ 1.073	€ 19.823	6,6
Niederlande	€ 6.000	€ 18.000	€ 1.411	€ 25.411	8,5
Österreich	€ 9.000	€ 10.500	€ 10.800 (c)	€ 30.300	10,1
Deutschland	€ 15.000	€ 10.500 bis € 15.000	€ 2.375	€ 27.875 bis € 32.375	9,3 bis 10,8
	(a) bei 3 %, netto				
	(b) bei 5 %, netto				
	(c) Verbücherung: € 3.300, Vertragserrichtungskosten € 7.500				

Quelle: Die Welt, BBR, eigene Recherchen.

Österreich fällt gemeinsam mit Deutschland mit den höchsten Nebenkosten auf. Während in Deutschland der Makler mehr (wie viel genau und von wem, ist höchst unterschiedlich) bekommt und die Grunderwerbsteuer eventuell höher ausfällt, macht im Land der großen Töchter und Söhne die Vetragserrichtung mit 7.500 Euro den größten Brocken aus. Ein Punkt, der vor allem der Partei NEOS aufstößt, denn sie macht zumindest für die Miete extra darauf aufmerksam: „Ganz wichtig erachten wir es, dass neben der Diskussion über die Maklerprovision endlich die Mietvertragsgebühr abgeschafft wird. Während der Maklerprovision eine Leistung gegenübersteht, muss die Mietvertragsgebühr an die Republik ohne jede Gegenleistung entrichtet werden."

Die einzelnen Maklerhonorare unterscheiden sich natürlich auch in der dafür gebotenen Leistung. In Schweden regelt der Makler etwa auch die Abwicklung des Kaufvertrags, ein Notar ist dafür nicht nötig (der Makler muss aber beim Notar eine Ausbildung machen). In Deutschland ist die Höhe der Courtage bei der Eigentumsvermittlung genauso wenig einheitlich geregelt wie die Frage, wer sie zu zahlen hat. Es gibt von Region zu Region unterschiedliche Ausprägungen, als Orientierungswert kann man von einem Gesamthonorar zwischen 5 und 6,8 Prozent ausgehen (ein europäischer Vergleich der Maklerhonorare findet sich im Kapitel zur Doppelvertretung).

Markt

Im Jahr 2015 wurden 238.949 Kaufobjekte und 269.942 Mietobjekte auf österreichischen Online-Marktplätzen angeboten[9], so eine Auswertung von IMABIS. Der Marktanteil der Immobilienmakler beträgt rund 30 bis 40 Prozent. Das bedeutet, der Rest geht von privat an privat ohne Makler oder im Zuge von Erbschaften, Übertragungen etc. Damit liegt Österreich 20 bis 30 Prozent unter dem europäischen Durchschnitt, wie Statistiken des Immobilienverbands Deutschland (IVD) bzw. des europäischen Maklerverbandes CEI zeigen.[10] Weiters zeigen die Zahlen aus dieser Quelle: In Irland, Dänemark, England, Spanien, Schweden und Rumänien bedienen sich 80 bis 90 Prozent eines Maklers – er ist eine Selbstverständlichkeit. Hinzu kommt, dass die Maklerbüros der Alpenrepublik durchschnittlich 63 Transaktionen pro Jahr schaffen. Das ist viel! Der europäische Durchschnitt liegt nur bei 34. Relativ viele Büros teilen sich also einen Markt, der noch Potenzial nach oben hat, gleichzeitig erreichen die heimischen Makler aufgrund der hohen Transaktionsanzahl wohl schneller Kapazitätsgrenzen als ihre Kollegen in anderen Ländern – bei der Provision liegen sie mit möglichen sechs Prozent in der Eigentumsvermittlung im oberen Bereich (gemeinsam mit den Ländern Slowakei, Rumänien, Spanien, Frankreich und Deutschland). Unter dem europäischen statistischen Durchschnitt von 3,6 Prozent liegen zum Beispiel Großbritannien (1,5 %) und die Niederlande (2 %). Mit der Provisionshöhe bzw. der Art, wer sie zahlt, dürfte die Marktpenetranz nicht zusammenhängen, wie aus dem Chart hervorgeht.

9 Anmerkung: Aufgrund von Dateninkonsistenz bei der Insertion (abweichende Flächenangaben je nach Plattform, Fehlen von essentiellen Parametern zum Abgleich) ist davon auszugehen, dass die tatsächliche Anzahl an angebotenen Objekten im Jahr 2015 in geringem Ausmaß niedriger ausfällt.

10 Stand dieser Zahlen ist zwar 2007, der damalig verantwortliche IVD-Chef Sven Johns bestätigt aber ihre grundsätzliche Gültigkeit auch heute. Einschränkungen müssten möglicherweise lediglich bei der Anzahl der Makler in Italien oder Spanien aufgrund der Wirtschaftskrise gemacht werden.

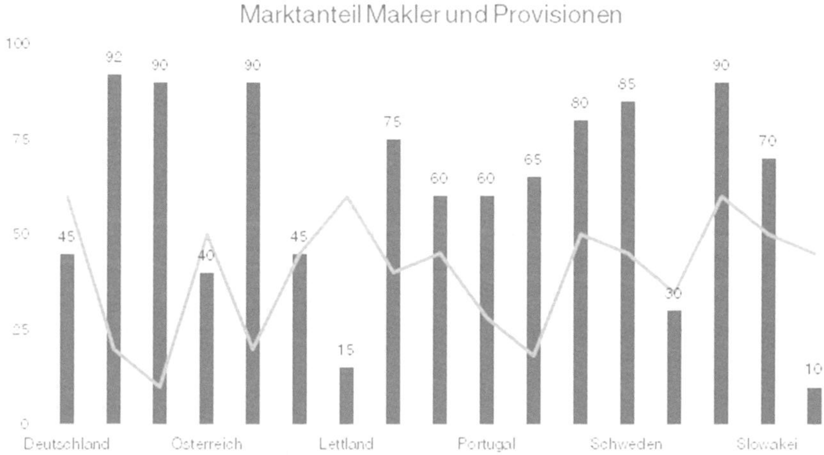

Die Grafik zeigt den Anteil der Transaktionen, bei denen Immobilienmakler beteiligt sind. Die Kurve spiegelt die Höhe der durchschnittlichen Honorare wider. Quelle: CEI/IVD 2007.

Märkte verändern sich. Das Stadt-Land-Gefälle verschärft sich, Dachgeschosswohnungen in Wien waren einst die große Hoffnung, nun, wo Russen nicht mehr alles unangeschaut kaufen, sind sie plötzlich zum Problemkind geworden (zumindest wenn sie schlecht ausgebaut sind). Klar, der Zuzug in die urbanen Regionen verspricht Nachfrage, aber welche? Eben. Die Mehrheit der neu Kommenden wird nicht die Lofts nehmen, sondern kleine Einheiten suchen. In letzter Zeit hat sich das Mikrowohnen zu etablieren begonnen. Boarding-Häuser werden gewerblich betrieben, Mikroapartments als die neue Vorsorgewohung verkauft. Coworking ist fast schon wieder out, denn jetzt geht es um Co-Housing. Temporäres Wohnen begeistert die Bauträger, Begriffe wie „suffizient" sollen beschreiben, dass die Grundrisse immer ausgefeilter werden und im bunten Stadtleben nur mehr die wichtigsten Funktionen Platz finden müssen. Weniger Quadratmeter heißt meist weniger Miete, heißt nach dem aktuellen Provisionssystem weniger Maklercourtage. Das Immobilienunternehmens 6B47 berichtet in seiner Marktbeobachtung Trends & Insights von der Entwicklung:

„Das innovative Unternehmen Pocket baut etwa Miniapartments in guten Londoner Lagen, die für junge Menschen am Beginn ihrer Karriere gedacht sind. Die Grundrisse und Details sind so genial umgesetzt, dass die 38 m² richtig geräumig wirken. Einbauschrank im Flur, wo sogar ein Fahrrad reinpasst, Wohnzimmer, Schlafzimmer, Gang, Bad – alles unverdächtig, nirgendwo eng, die Raumhöhe ist sogar höher als in London üblich. Außerdem gibt es Fußbodenheizung, bodentiefe Fenster, Dusche statt Bad, keine Tiefgarage.

Gedacht sind die Wohnungen für jene Zielgruppe, die arbeitet und, wenn sie frei hat, ohnehin nicht in der Wohnung sitzen bleiben will, sondern rausgeht, Freunde trifft, die Stadt erlebt. Die Nachfrage nach den Wohnungen ist enorm, 2015 waren 21.000 Bewerber auf der Warteliste. Was kostet der Spaß? Zwischen 200.000 und 300.000 Euro. Kaufen darf nur, wer weniger als umgerechnet 90.000 Euro im Jahr verdient und noch keine Immobilie hat. Auch beim Wiederverkauf. Außerdem muss der Nutzer in dem Viertel der Wohnung arbeiten oder bereits vor dem Kauf dort gelebt haben. Finanziert wird dieses Projekt übrigens unter anderem über Crowdfunding."

Eine ebenfalls auf IMABIS-Zahlen basierende Auswertung von RE/MAX führt für das Jahr 2015 an: „Der Wohnungsmarkt in Österreich lieferte 2015 abermals ein Rekordjahr: 43.744 Wohnungen wurden im Amtlichen Grundbuch verbüchert. Das sind um +13,5 % mehr als im bisherigen Rekordjahr 2014. Der Wert der gehandelten Wohnungen stieg dabei um eine ganze Milliarde Euro auf 8,5 Mrd. Euro. Das sind um +14,1 % mehr als im Jahr 2014."

Was geht sich aus?

Eine Grobrechnung mit den oben angeführten Eigentumszahlen ist schnell angestellt. Geht man von durchschnittlich vier Prozent Provision und von sagen wir einmal 7.000 Maklern aus, so erhält jeder Vermittler eine durchschnittliche Provision von 48.571 Euro pro Jahr. Nur einmal als simples Benchmark. Der Aufwand für den Verkauf von Objekten ist schwer zu fassen. Er ist so unterschiedlich wie die Objekte selbst. Besser funktioniert die Bestimmung bei Mietobjekten. Der Immobilienring rechnet vor, dass der Aufwand für einen Makler zur Vermietung einer Wohnung rund 15 Stunden dauert. Das sind Personalkosten. Hinzu müssen noch Kosten für Inserate gerechnet werden – oder, wenn man fortschrittlicher denkt, für SEO, Internetmarketing (von Facebook bis Youtube) etc. Der IVD fand in einer Studie heraus, dass in Großstädten (über 500.000 Einwohner) durchschnittlich 9,19 Besichtigungen pro Mietwohnung stattfinden, in Kommunen unter 30.000 Einwohnern wird eine Mietwohnung durchschnittlich 6,7-mal besichtigt.

Eine andere Annäherung an den tatsächlichen Aufwand bringt die Frage: Was könnte man weglassen? Diesen Ansatz wählte der IVD, die Ergebnisse finden Sie in den folgenden Abbildungen.

Frage: Welche der folgenden Leistungen konnten Sie dem Eigentümer für eine Provision in Höhe von **2 Monatsmieten** verkaufen? (Mehrfachnennungen möglich)

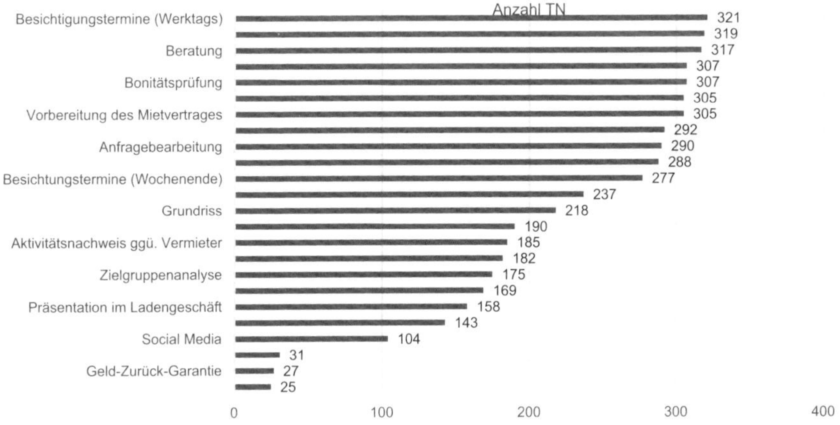

Frage: Welche der folgenden Leistungen haben Sie dem Eigentümer **kostenlos** angeboten? (Mehrfachnennungen möglich)

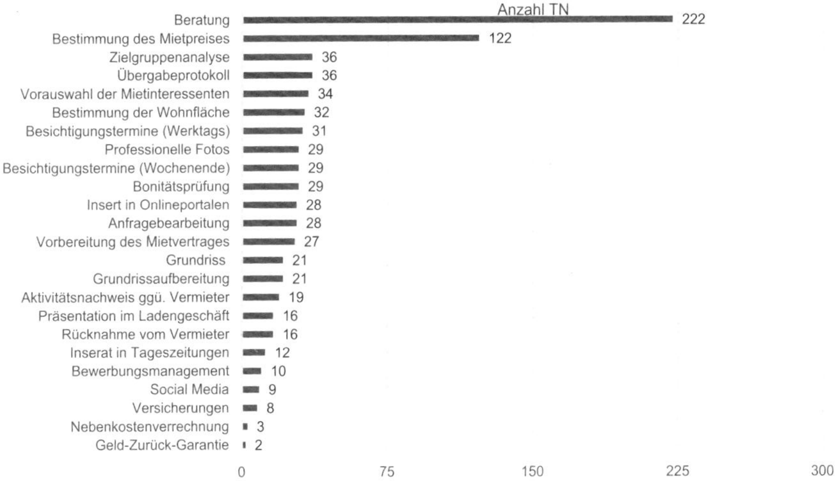

Frage: Welche der folgenden Leistungen konnten Sie dem Eigentümer für eine Provision in Höhe von **1 Monatsmiete** verkaufen? (Mehrfachnennungen möglich)

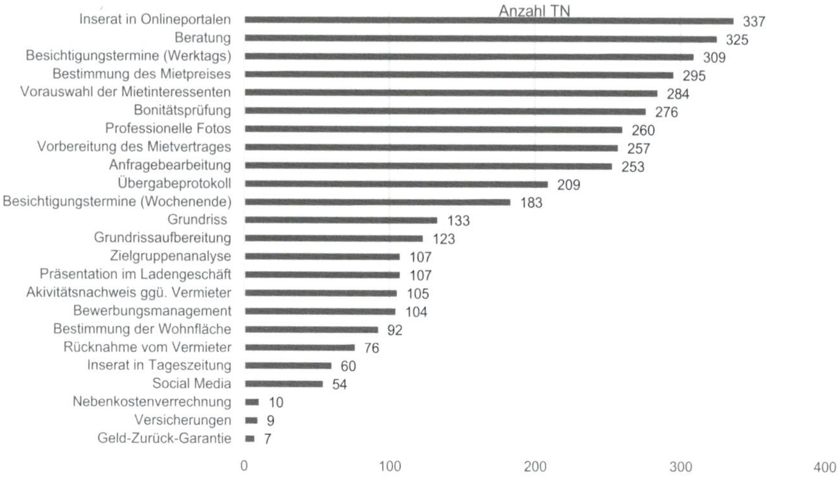

Quelle: IVD-Minutenumfrage, September 2015.

D. Markt ohne Makler

Was passiert eigentlich, wenn es keinen Makler gibt? Beim Anbieter geht es hauptsächlich um die Ressourcen Wissen und Zeit, die der Makler an Nutzen bringt. Das fehlende Wissen wird zunehmend durch Information aus dem Internet kompensiert. Preisfindung, Exposés – das alles wird im Handumdrehen machbar sein (siehe dazu die Kapitel Digitalisierung, Subversive Plattformen etc.). Fotos mittelmäßiger Qualität wird der Abgeber auch hinbekommen, der Durchschnitt bei privaten Kleinanzeigen für Autos ist mindestens genauso erträglich wie jener in der Immobilienabteilung. Inserate auf die bekannten Plattformen zu stellen kann auch schon die Generation, die ohne Internet aufgewachsen ist.

Bleibt das Zeitthema – hier punktet der Makler. Wer selbst die Termine organisieren muss, wird schon bald die Flinte ins Korn schmeißen oder er hat tatsächlich die Zeit, schafft es aber nicht, die Wohnung halbwegs verkäuferisch anzupreisen.

Die anderen Aufgabenbereiche, die von Maklern gerne als Notwendigkeitsargument angeführt werden, fallen beim Privat-zu-privat-Geschäft weg. Das große Thema Akquise gibt es hier nicht. Wenn bei Erbschaften, Schenkungen und Übertragungen kein Makler notwendig ist, dann zeigt das doch ganz gut, dass die wesentliche Funktion des Maklers das Zusammenbringen von Angebot und Nachfrage (inklusive Informationsaufbereitung und Besichtigungen) ist und nicht die Beratung oder Mediation. Diese Funktionen könn(t)en auch von anderen Berufsgruppen übernommen werden.

„Selbstverständlich kann der Eigentümer einer Immobilie auch ohne Einschaltung eines Maklers sein zu veräußerndes oder zu vermietendes Objekt am Markt anbieten und Verträge mit interessierten Dritten abschließen. Dabei entfällt naturgemäß – mangels Vorliegens eines Maklervertrages – die Haftung des Immobilienmaklers nach den wie folgt dargestellten Grundsätzen. Im Verhältnis zwischen den Vertragsparteien gelten dabei die Bestimmungen des allgemeinen Privatrechts sowie allfälliger Sondergesetze (KSchG, UGB etc)“, meint Bernadette Zelger und erläutert im folgenden Kapitel jene Haftungen, die der Makler übernimmt und die bei einem Privatgeschäft zu bedenken sind.

1. Die Haftung des Immobilienmaklers (Bernadette Zelger)

Beim Immobilienmakler wird eine gewisse Fachkenntnis vorausgesetzt. Der Immobilienmakler ist als Sachverständiger im Sinne des § 1299 ABGB zu qualifizieren und es gilt der entsprechend strenge Haftungsmaßstab für Sachverständige. Vom Immobilienmakler kann daher erwartet werden, dass er über einschlägige Probleme Bescheid weiß und richtige Auskünfte erteilt.[11] Zudem treffen den Immobilienmakler weitreichende Informations- und Aufklärungspflichten nach den Bestimmungen des § 3 MaklerG sowie der §§ 30a ff KSchG. Der Immobilienmakler hat daher über Risiken aufzuklären; eine entsprechende Aufklärung wirkt auch haftungsbefreiend. Der Immobilienmakler hat dabei deutlich zu machen, dass er die ihm zur Verfügung

[11] *Gartner/Karandi*, Kurzkommentar Maklergesetz², § 3 Rz 15.

gestellte Information geprüft hat, oder aber darauf hinzuweisen, dass er dies nicht getan hat und insofern ein Risiko besteht, das den Interessenten dazu veranlassen sollte, selbst die erforderlichen Informationen einzuholen.[12]

Zudem trifft den Immobilienmakler die Pflicht, über all jene Eigenschaften aufzuklären, die für die Beurteilung des zu vermittelnden Geschäfts wesentlich sind bzw. die für die Beurteilung der Eignung des Objekts zur angestrebten Nutzung relevant sind. Dabei gehört zu den wesentlichen allgemeinen Informationen unter anderem die Beantwortung der Frage, ob die erforderliche Bau- und Benützungsbewilligung vorhanden ist oder eine solche fehlt. Sofern dem Immobilienmakler eine diesbezügliche Feststellung nicht möglich ist, muss er den Interessenten zumindest darauf hinweisen. Zudem hat der Immobilienmakler bei Vermittlung einer Eigentumswohnung beispielsweise auf Besonderheiten im bestehenden Wohnungseigentumsvertrag (wie z.B. abweichende Verteilungsschlüssel oder besondere Benützungsregelungen nach den Bestimmungen des Wohungseigentumsgesetzes) hinzuweisen. In Hinblick auf den Umfang der Aufklärungspflicht, die Eignung des Vermittlungsobjekts und sonstige wesentliche Umstände betreffend, wird an dieser Stelle auf die einschlägige Judikatur und Kommentarliteratur verwiesen.[13]

Eine Nachforschungspflicht des Maklers besteht grundsätzlich nicht.[14] Wenn daher für den Makler kein Grund besteht, an der Richtigkeit einer ihm vom Auftraggeber übermittelten Information zu zweifeln, darf er sie weitergeben. Dabei hat der Makler günstige wie ungünstige Informationen gleichermaßen weiterzuleiten und er ist nicht verpflichtet, den Wahrheitsgehalt der ihm übermittelten Informationen zu prüfen. Wenn er jedoch ungeprüfte Informationen weitergibt, darf er nicht den Anschein erwecken, als habe er den Wahrheitsgehalt überprüft.[15]

Bei Verletzung der dargestellten Aufklärungspflichten haftet der Makler für aufgrund des Pflichtverstoßes entstandene Schäden des Auftraggebers nach den allgemeinen Bestimmungen des vertraglichen Schadenersatzrechtes.

---

[12] *Gartner/Karandi*, Kurzkommentar Maklergesetz^2, § 3 Rz 24.

[13] Eine abschließende Darstellung der einschlägigen Judikatur und Literatur ist im Rahmen der gegenständlichen Publikation nicht vorgesehen.

[14] *Gartner/Karandi*, Kurzkommentar Maklergesetz^2, § 9 Rz 14.

[15] *Gartner/Karandi*, Kurzkommentar Maklergesetz^2, § 3 Rz 13 mwN.

Daneben kann der Auftraggeber auch die Mäßigung der Provision (nach Maßgabe der durch den Pflichtverstoß bedingten geringeren Verdienstlichkeit des Maklers) verlangen, und zwar unabhängig von einem konkret beweisbaren Schaden.[16]

[16] *Gartner/Karandi*, Kurzkommentar Maklergesetz^{2}, § 3 Rz 32 mwN.

II. Schockphase: Veränderungen

„Wohnungsmakler wird es in spätestens zehn Jahren nicht mehr geben, da gehe ich jede Wette ein.“
Professor Peter Russo, Direktor des Institute for Transformation in Business and Society[17]

[17] Zitiert in Immobilien Zeitung, 17.3.2016.

A. Einleitung

Websites zu gestalten und sich mit Facebook herumzuplagen – das war wirklich erst der Anfang. Maklersoftware hat noch viel Potenzial, den Makler von lästigem Organisieren freizuspielen; wenn BIM (Building Information Modeling) zur Normalität wird, kommen sogar alle Daten des Abgebers automatisch ohne Schnittstellenprobleme daher. Gleichzeitig kämpfen die Suchplattformen miteinander, eine große Konsolidierung steht bevor. Und überhaupt: Wer weiß schon, ob eine Plattform oder eine andere digitale Initiative nicht ganz den Makler ersetzt? Geht nicht, höre ich jene sagen, die auf die Sensibilität dieses Vertrauensgeschäfts hinweisen. Geht sofort, sind die anderen überzeugt, und verweisen zumindest auf Mietwohnungen, deren Vermittlung nicht von Vertrauen geprägt ist, und auf A.L.O., den Roboter-Butler, der seit über einem Jahr in Cupertino, USA, Zimmerservicetätigkeiten in einem Hotel erledigt. Unpersönlich ja, aber das sind Selbstbedienungstankstellen und Online-Banking genauso.

Denken wir das Ding mal fertig, alles andere ist nämlich faul und gar nicht unternehmerisch. Und es könnte tausenden Maklern den Job kosten. Was wir aus der Wirtschaftsgeschichte lernen können, ist, dass sich schlechte Geschäftsmodelle immer auflösen. Auch wenn die allgemeine ökonomische Entwicklung derzeit mit einigen Unsicherheiten nebulös wirkt, die Tendenz geht eindeutig in die Richtung, Zwischenschritte zu eliminieren und dadurch schlanker, kostengünstiger und effizienter zu werden. Am Weg zur Verdichtung der Wertschöpfungskette fliegt alles raus, was nicht gebraucht wird.

Wenn Sie heutzutage auf Amazon etwas bestellen, gibt es einen Produzenten, einen, der es ihnen liefert, und eben den Kanal im Internet, bei dem sie es kaufen. Wie war das früher, vor gar nicht allzu langer Zeit? Da gab es Berufe im Import/Export, Handelsagenten, Zwischen- und Detailhändler und dergleichen mehr. Alle weg. Zuletzt meldete Amazon, auch die Zulieferung selbst übernehmen zu wollen.

Ganz ehrlich, auch wenn man kein ausgeprägter Technologiefan ist und nicht der „First Mover“, der immer gleich die neuesten Updates am Handy hat, muss man schon eingestehen: Die Technologie ist es, die diese Verdichtungsprozesse erst ermöglicht. Es ist daher nicht vermessen, die Digitalisierung als revolutionäre Welle in die Geschichtsbücher einzuordnen und sie mit anderen „Errungenschaften" gleichzustellen. Der Ökonom Joseph Schumpeter nannte diese auf innovationsinduzierten Investitionen basierende Entwicklung Kondratjew-Zyklen (siehe folgende Grafik).

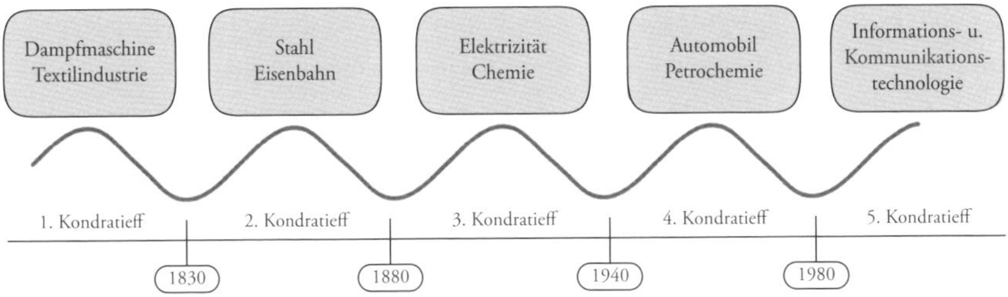

Danke, Musikindustrie! Sie hat sich geopfert, na ja, nicht ganz freiwillig. Sie hat peinlich vorgeturnt, was passiert, wenn man Marktmechanismen unterschätzt. Zu einem Zeitpunkt, als das Internet, wie wir es heute kennen, zur halbwegs normalen Sache wurde, war ihr Geschäftsmodell schlecht und unfassbar überheblich.

Die Produktionskosten einer CD beliefen sich auf nicht einmal 13 Schilling. Die Gier der Musikindustrie, damals waren das im Grunde fünf große Labels, die die Weltmarktführerschaft innehatten, war aber so groß, dass sie mindestens 153 Schilling verlangte – ein Niveau, das sich die Industrie ausgemacht hatte. Ihr Argument für die hohen Kosten erinnert ein wenig an jenes der Maklerzunft: Die Labels müssen in zehn Musiker investieren und nur einer wird berühmt und bringt Umsatz. In Wahrheit verlangten die fortschrittsblinden Plattenbosse lächerlich hohe Verkaufspreise, anstatt sie den Umständen, nämlich dem Vertriebsweg Internet, anzupassen. Der Rest ist schnell erzählt: Die Firmen steckten den Kopf in den Sand, wollten nicht mit ihren tausenden Künstlern über neue Verträge und Online-Tandiemen verhandeln und – noch schlimmer – hatten Angst voreinander, wollten nicht miteinander, gemeinsam eine Lösung erarbeiten. Apple kam mit seiner grundsympathischen Marke und einem ungeheuren Cash-Bestand daher, übernahm die Musikverteilung im Internet, und die Künstler freuten sich, dass sie vom Joch der dominanten Labels befreit wurden (und wussten noch nicht, dass sie in der nächsten Versklavung gelandet waren).

„In einem immer mehr technologisierten Umfeld wird sich das reine Namhaftmakeln nicht halten können, das kann die Technik viel besser", bringt es Christian Hrdliczka, Immobilienmakler und stellvertretender Fachgruppenobmann der Immobilientreuhänder WKW sowie Vorsitzender der Fachvereinigung Immobilien des Sozialdemokratischen Wirtschaftsverbandes auf den Punkt. Das hat mit immer stärker zunehmender Datentransparenz zu tun, aber auch mit neuen Geschäftsmodellen, kleinen Start-ups, die wie Piranhas ineffiziente Wirtschaftsprozesse zerlegen und neu, effizienter und günstiger organisieren. Dass die ersten Häuser und Brücken aus dem 3D-Drucker bereits in Bau sind, wissen Sie. Hand-, Fuß- und sogar Augenprothesen können die Dinger aber genauso – eine Revolution für die Medizin und die Menschheit, die möglicherweise bald alle Ersatzteile, inklusive Organe, aus dem 3D-Drucker holt. Geht schneller, kostet weniger und ist in vielen Fällen sogar exakter als die herkömmlichen Erzeugnisse. Ja, warum soll da nicht schon bald das Modell einer Immobilie beim Interessenten zu Hause ausgedruckt werden, um nur ein Beispiel zu nennen?

Die Digitalisierung kostet Jobs. Ja, es wird neue, andere Jobs geben. Jene globalen Facility-Service-Unternehmen, die sich der Zukunft geöffnet haben, befassen sich zum Beispiel mit automatisierter Reinigung und Wartungsrobotern. Schon heute zischt Waldi, der lustige kleine Staubsauger, über das Parkett zahlreicher privater Haushalte. Rasenmäher detto und bald auch in Gerwerbeimmobilien. Dienstleistungsjobs verschwinden, die künftige Aufgabe eines Facility-Unternehmens könnte also die Vermietung und Wartung von Gebäuderobotern sein.

Auch wenn neue Jobs kreiert werden (und für den Makler heißt das, er muss sich selbst neu erfinden), die Digitalisierung frisst netto weit mehr Arbeitsplätze weg. Was das für das Pensionssystem heißt, hat übrigens Peter Rabl in seinem Buch „Der Umwohlfahrtsstaat" treffend beschrieben. Rabl schreibt darin: „Die Professoren der britischen Oxford University Michael Osborne und Carl Benedict Frey analysierten den Einfluss der Digitalisierung auf 700 Berufe in den USA. Ergebnis: Fast die Hälfte der Jobs in Verwaltungen und Büros, im Dienstleistungssektor und im Verkauf ist in den kommenden 20 Jahren gefährdet. Ihr Fazit: Die technologische Entwicklung und die

Kapazitätssteigerung der Datenspeicherung und -verarbeitung verlaufen so rasch, dass ausradierte Arbeitsplätze nicht annähernd durch neue ersetzt werden könnten. Und ihre Prognose: Erstmals seien auch intelligente und hochwertige Jobs schwer gefährdet."

Am Ende läuft es auf eine philosophische Frage hinaus. Die einen sind überzeugt, dass mit künstlicher Intelligenz alles Mögliche ersetzt werden wird können, die anderen meinen, die Maschinen kämen nie an die „Menschlichkeit" heran. Bis es vielleicht so weit ist, kann sich der Immobilienmakler immerhin mit Mehrwert wie Kreativität, Einfühlungsvermögen, Netzwerk und Gebäude-Know-how über einen reinen Adress-Broker hinaus positionieren und damit Geld verdienen.

B. Plattformen: Wer braucht immer mehr?

Wer im April des Jahres 2016 eine österreichische Immobilie suchte, hatte laut IMABIS an einem Stichtag fast 80.000 Objekte, die online inseriert waren, zur Auswahl. Freilich verteilt sich das unterschiedlich auf die Bundesländer, im Wasserkopf Wien gibt es die meisten. Wer weiß, welche Art von Immobilie er oder sie sucht – wie groß, wie teuer etc. –, der kann recht gut mit einer Immobiliensuchmaschine nach dem Objekt der Begierde fahnden. Davor muss er allerdings die richtige Immobiliensuchplattform finden.

Wie viele Plattformen es gibt, variiert, ständig poppen neue auf, andere werden nicht mehr bespielt oder verschwinden ganz aus dem Netz. Die gängigen Maklersoftwareprodukte bieten jedenfalls Schnittstellen zu rund 60 verschiedenen Portalen. Etwas über zehn Plattformen haben in Österreich eine Größe, die 20.000 Objekte überschreitet. Kleinere Plattformen können dennoch erfolgreich sein, wie Laendleimmo.at in Vorarlberg oder immo.tt.com in Tirol zeigen. Gemessen an der Anzahl der inserierten Objekte verschwinden sie im Schatten der großen Mitbewerber, auf ihrem lokalen Markt sind sie dennoch Marktführer. Mit 3.012 gelisteten Objekten an einem Stichtag führte laendleimmo.at weit vor dem zweitgereihten immowelt.at (1.095 Objekte); der Dritte hat überhaupt nur mehr 512 Objekte online (immobilien.net). Das ergab das Plattformenranking 2016, das jährlich im Immobilien Magazin erscheint und auf IMABIS-Daten basiert.

Plattformen Ranking

Österreich	2013	2014	2015
alle-gemeinsam.at	28.724	29.779	34.697
BAZAR.at	28.233	45.266	32.640
derStandard.at	40.604	42.148	41.443
FindmyHome.at	19.585	20.242	21.192
immo.tt.com	4.337	3.712	5.020
immoads.at	23.383	21.156	21.933
Immobilien.net	38.719	43.442	52.617
ImmobilienScout24.at	39.252	47.730	53.157
immodirekt.at	43.018	42.128	34.942
immoKurier.at	12.373	15.400	19.243
immoversum	27.854	16.383	16.208
immowelt.at	39.484	39.724	43.604
Laendleimmo.at	3.458	3.829	3.430
OÖ Nachrichten	4.707	4.640	5.325
Salzburger Nachrichten	3.316	4.104	3.614
willhaben.at	68.655	75.890	82.062
wohnnet.at	48.149	44.296	39.936

Quelle: Immobilien Magazin 4/16, IMABIS.

So wie der Konsument sich durch die Vielzahl an Plattformen klicken muss, hat auch der Makler die Qual der Wahl, wo er sein Geld für Inserate investiert. Rund 15 Millionen Euro zahlen die Inseratkunden an die Portale in einem Jahr. Das ist viel, und erste Versuche, sich ergo von den Plattformen unabhängig zu machen, fruchten bereits: Ein vorausdenkendes Maklerbüro mit nur wenigen Mitarbeitern aus Niederösterreich hat sich zum Beispiel schon vor Jahren eine Strategie erarbeitet, die heute aufgeht: Seine eigene Website mit den gelisteten Immobilien sollte zur stark frequentierten Seite werden. Alles wurde darauf ausgerichtet, SEO-Optimierung, einzigartige Inhalte usw. Monat für Monat stiegen die Zugriffszahlen, heute inseriert das Büro nur mehr in zwei Fremdplattformen, eine davon (eine der großen) soll im zweiten Halbjahr 2016 schließlich auch noch gekappt werden, 2017 dann auch noch die letzte verbleibende.

Zusätzlich öffnen sich immer mehr Plattformen auch für private und provisionslose Geschäfte. Der Druck unter den Marktplätzen steigt immer mehr und eine gewaltige Konsolidierung steht bevor. Im Immobilen-Magazin-Artikel zum Plattformranking wird Martin Gaiger, der Geschäftsführer von Kurier Digital und somit des Online-Rubrikenmarktes Immobilien, zitiert: „Ein Großer wird auf Sicht von zwei bis drei Jahren überleben, daneben wird es einige regionale Player geben." Bleibt offen, wozu Gaiger www.immokurier.at zählt (siehe dazu oben die Tabelle Plattformen-Ranking). Und es stellt sich die Frage, wie die einzelnen Player reagieren und wann eine Plattform den Schalter umlegt und selbst für die Vermittlung von Objekten Geld verlangt und so den Makler ersetzt oder mit Maklern gemeinsam ein Franchisesystem konstruiert.

Das Geschäft ist für die Marktplatzplattformen nicht leicht. Sie müssen darauf bedacht sein, dass der Endkunde viele Immobilien auf ihrer Seite findet, zugleich können sie nur gedämpftes Interesse daran haben, dass er wirklich schnell das Richtige findet – denn je länger und mehr ein Makler inseriert, desto höher ist der Umsatz der Plattform.

Sind Marktplatzplattfirmen ein Zukunftsmodell? Der Kostendruck steigt jedenfalls, und wie die Taxialternative UBER zeigt: Das Einsparen einer Telefonzentrale ist effizient. Selbiges könnte für Medien gelten. Ein Ausweg: Sie ändern ihr Geschäftsmodell und machen selbst einen auf Makler.

1. Werden Plattformen den Makler ersetzen?

„Ob ImmobilienScout24 de facto als Makler agieren wird, erscheint als Frage nahezu obsolet. Tatsächlich überschneiden seine Dienste sich stark mit klassischen Makleraktionen", bloggte Bernhard Schaus auf Immobilien Akquiseprofi im Mai 2015. 32 Prozent der Immobilienfirmen sehen in Online-Marktplätzen eine Gefahr, so das Ergebnis einer Umfrage von IREBS (International Real Estate Business School, Universität Regensburg).

„Sicher nicht", meinte Patrick Schenner, als er noch Geschäftsführer von ImmobilienScout24 in Österreich war, und stimmte damit in den Chor aller ein, die derzeit eine klassische Immobilienplattform betreiben. No-na-ned, sie wollen ihre Kunden nicht vergraulen. Schenner: „Ich glaube, dass der Maklerberuf immer da sein wird und er immer eine Berechtigung haben wird. Immobilienkäufe sind eine Vertrauenssache, da will man von kompetenten Personen beraten werden. Außerdem kenne ich international keine große Plattform, die selbst Immobilien vermittelt und sich durch Provisionen finanzieren will." Schenner will seine Klientel freilich nicht gegen sich aufgehetzt haben und tut gut daran, die Idee, dass eine Plattform mit der Macht wie ImmobilienScout24 das Maklergeschäft mir nichts, dir nichts übernehmen könnte, zu verdrängen. Gutes Argument jedoch: Eine technische Plattform könne die Akquise von Objekten, die ja zu den Hauptaufgaben eines Maklers gehört und für die er über ein gutes Netzwerk verfügen muss, nicht ersetzen, so Schenner: „Ein solches Beziehungsmanagement können und wollen wir nicht machen. Das ist ein lokales Netzwerken, das für uns unattraktiv ist, schon allein, weil es nicht skalierbar ist." Gäbe es allerdings eine Plattform, von der jeder weiß, dass er dort einfach seine Immobilie reinstellen kann und der Rest der Welt findet sie dort, wäre der Makler für den reinen Vermittlungsprozess, also ohne all seine weiteren Leistungen, aus dem Rennen. Sie ist also sehr wohl möglich, die Substitution. Außerdem könnte jemand anderer ein Modell für das Beziehungsmanagement finden und es zu einem Geschäft machen – auch dann wird es eng für das klassische Maklergeschäft.

Glaubwürdig meint der ehemalige österreichische Scout-Chef aber, dass auch deren Modell nicht unangreifbar sei, die Disruptoren ortet er definitionsgemäß nicht in den eigenen Reihen, sondern ganz woanders. „Auf der Suche nach unseren Disruptoren sind wir selbst permanent. Da sind wir mit unserem Start-up Lab ‚You is now' gut aufgestellt. Wachsamkeit ist da wichtig. Denken Sie nur an das Beispiel Studi-VZ. Von heute auf morgen war die Plattform quasi futsch."

Zalando-Jungs verbrennen sich die Finger

Die Zalando-Gründer Marc, Oliver und Alexander Samwer machten sich an die Immobilienbranche heran. Das war 2015. Alle zitterten bei der Idee, Immobilien zum Fixpreis über das Internet zu verscherbeln. Gleich vorweg: Das Unternehmen Vendomo scheiterte, die Zalando-Burschen zogen sich reuig aus dem Immobilienmarkt zurück.

Das war die Idee: Wer eine Immobilie verkaufen will, hätte Vendomo 2.900 Euro zahlen müssen, das Unternehmen hätte dann alle nötigen Maßnahmen (Exposé, Besichtigungen, Notartermin etc.) erledigt. Für eine Vermietung waren 499 Euro eingepreist. Für die fachlich heiklen Tätigkeiten wollte der damalige Vendomo-Boss Erik R. Fasten auf Sachverständige setzen. Im Online-Magazin Deutsche Startups wurde er anfänglich noch zitiert: „Makler haben 2014 für den Verkauf von Wohnungen Provisionen in Höhe von 870 Millionen Euro verdient. Beim Festpreis von Vendomo wären es lediglich 187 Millionen Euro gewesen. Käufer und Verkäufer hätten sich 2014 folglich etwa 680 Millionen Euro sparen können, wenn Makler effizienter arbeiten würden und entsprechend die Preise gestalten würden."

Nach dem Jahreswechsel mussten dann alle Medien ihre Lobeshymnen auf das Start-up korrigieren. „Rocket Internet beerdigt Makler-Start-up Vendomo", titelte das genannte Online-Magazin etwa, und das Unternehmen erklärte, dass es sich geirrt habe: „Das Kundeninteresse an Vendomo war sehr groß. Leider haben wir in der Zwischenzeit noch mehr über den Markt gelernt und einige Merkmale machen ihn weniger interessant", teilt Rocket in dem Artikel mit. Es gäbe mittlerweile viele andere ähnliche Services, zu wenig Synergien und kaum Skalierungseffekte, die Kundenakquise sei zu aufwändig. Die Unternehmung wurde mit dem Jahreswechsel 2015/16 eingestellt und ein kleiner Mythos war geboren: Die Immobilienbranche tickt anders und Proptechs – so nennt man Immobilien-Start-ups – beißen sich daran die Zähne aus. Wenn es nicht einmal die Typen von Rocket Internet schaffen, die Plattformen und Geschäftsmodelle am Fließband rausjagen, dann wohl keiner.

Die nächsten starten schon

Oder doch? Wie die Schwammerl sprießen neue Plattformen aus dem Internet. Die kleinen Start-ups hegen keine Befindlichkeiten in der Immobilienbranche und knüpfen sich einen Teilprozess der Immobilienwertschöpfung vor und gestalten ihn effizienter. So geht diese Wirtschaftskategorie vor, Piranhas nennt sie der Professor für E-Business und E-Entrepreneurship an der Universität Duisburg-Essen, Tobias Kollmann. Im April 2016 zählte Venture Scanner 680 Proptechs (fast alle in den USA), Gewerbe-quadrat.de berichtet von 105 Proptechs in Deutschland. Die wesentlichen Plattformen und ihre Ideen, wie und ob sie den Makler substituieren wollen, finden Sie im Kapitel „Subversiv und innovativ".

a) Marktmacht ImmobilienScout24

Bei ImmobilienScout24, kurz auch Scout genannt und 1998 gegründet, ging es von Anfang an nur um Größe und Dominanz. „Ein funktionierender Marktplatz strebt zum Monopol. Wer groß ist, wird immer größer, die Leute nutzen nun einmal zuerst den bestbesuchten Platz. Wenn die Nummer eins erreicht ist, wächst sie wie von selbst weiter, bei Anbietern und Nachfragern", wird einer der Scout-Gründer, Arndt Kwiatkowski, im Magazin Brandeins zitiert. Wachsen auf Teufel komm raus, mit brutalen Rabatten und Sonderkonditionen, lautete daher die Strategie in Deutschland. Sie ging auf, ImmobilienScout24 wurde dort zum unangefochtenen Giganten mit allen Nebenwirkungen, die so eine Rolle mit sich bringt. „Da werden neue Geschäftsmodelle gestrickt, um Preiserhöhungen nicht als solche erscheinen zu lassen", kritisierte Axel Kloth in seiner damaligen Funktion als Vorstand des IVD Nord im deutschen Magazin Immobilienwirtschaft im Sommer 2015.

Scout24 ist eine an der Frankfurter Börse notierte Gesellschaft mit einer Marktkapitalisierung von gut 3,4 Milliarden Euro. Hauptaktionär ist mit fast 40 Prozent der Finanzinvestor Willis Lux Holdings 2, der deutschen Telekom gehören fast elf Prozent. Der Kernaktionär ist naturgemäß weniger an Immobilien oder einer funktionierenden, gerechten Vermittlung interessiert als an Finanzkennzahlen, so die Kritik.

Innovation hingegen hat das Unternehmen längst institutionalisiert. Auf neue Ideen stürzt es sich mit seiner Innovationsschmiede namens You is Now, es schmiedet Allianzen mit anderen, kleineren oder lokalen Portalen und verleibt sich auch schnell einmal Unternehmen ein, indem es sich an ihnen beteiligt – wie zum Beispiel bei Salz&Brot, classmarket, Stuffle, Flowfact. Auch in der Usability und in der Weiterbildung hinsichtlich verkaufsfördernder Maßnahmen und Internetverständnis setzte Scout immer wieder Maßstäbe.

Mit enormen Preiserhöhungen, dem Zulassen privater Inserate und diversen Services, die bis dato in den Zuständigkeitsbereich des Maklers gehörten, wuchs der Widerstand gegen Scout24. Die deutschen Makler lehnten sich mehr und mehr auf, kündigten den Vertrag (Scout stellte 2014 von Paketpreisen auf Mitgliedschaften um, was mit einer erneuten saftigen Preiserhöhung einherging), organisierten eigene lokale Marktplätze und waren froh, als durch die Fusion von Immowelt und Immonet 2015 endlich ein ernst zu nehmender Mitbewerber am Markt war. Ein Jahr zuvor kaufte sich ImmobilienScout24 den österreichischen Marktplatz immobilien.net, laut Brancheninsidern war das allerdings weniger Strategie, als zufällige Opportunität. Bis heute fährt der Konzern eine 2-Marken-Strategie. Größe allein ist in der Welt des Internets allerdings keine alleinige Garantie. Und auch die Frage, ob Makler in Zukunft überhaupt mit den herkömmlichen Portalen arbeiten wollen oder müssen, wird die Entwicklung von Immobiliencout24 maßgeblich beeinflussen.

Anzahl Unternehmen	Anzahl der verwendeten Portale
2	16
3	14
1	13
12	12
13	11
26	10
54	9
91	8
142	7
172	6
234	5
316	4
401	3
589	2
1323	1

Auf wie vielen Plattformen wird durchschnittlich inseriert? Stichtagsdaten vom 24.2.2016, Quelle: IMABIS.

C. Hilfreich und clever: Metasuchmaschinen

Was liegt näher, als bei einer wachsenden Anzahl von Immobiliensuchplattformen alle zusammenzufassen und in eine Suchmaske zu integrieren? Ein Gewinn für jeden Suchenden! Bezeichnend ist, dass die zwei größten Metaimmobiliensuchmaschinen von Branchenfremden kommen, klassische Disruptoren. Glück für die Portale war nur, dass beide ein Geschäftsmodell wählten, das die bestehenden Marktplätze unterstützt.

Zwei IT-ler räumen auf

Franz Flotzinger verstand die Welt nicht, als er auf Wohnungssuche war. Er musste zig Suchseiten abgrasen, fand teilweise die gleichen Immobilien auf ihnen und dann doch wieder andere. Weil Flotzinger hauptberuflich Programmierer ist, tippte er vor acht Jahren halt schnell mal ein paar Zeilen, und schwupps, schon war die erste Metasuchmaschine da. Ähnlich war es bei Gernot Singer, auch er ist ein Branchenfremder, war ursprünglich im Mobilfunkbereich bei Ericsson tätig und ist seit 2010 Betreiber der Seite immosuchmaschine.at, die Informationen von rund 20 Immobilienplattformen und Kleinanzeigenseiten zusammenfasst und auf einen Traffic kommt, von dem andere nur träumen.

FAKTEN IMMOSUCHMASCHINE.AT

Mehr als 310.000 Besuche und über 1,6 Millionen Seitenaufrufe pro Monat verzeichnet die Immobiliensuchmaschine derzeit. Dabei werden täglich bis zu 25.000 Wohnungssuchen durchgeführt. Der Bestand umfasst 130.000 Objekte aus 400.000 Inseraten, mit bis zu 15.000 neuen pro Tag.

Die Auswertung der ÖWA-Plus-Erhebung 2015-IV zeigt weiters die qualitative Besucherentwicklung seit dem Start im April 2010: 56,2 Prozent der User sind weiblich, 26,9 Prozent stammen aus Wien, der Großteil ist zwischen 20 und 39 Jahren alt. Der Anteil an Berufstätigen und Personen mit höherer Bildung und höherem Einkommen ist überdurchschnittlich hoch.

(Stand: Mai 2016)

Das Geschäftsmodell ist clever. Jeder User, der ein Inserat auf einer Metasuchmaschine anklickt, wird direkt an den Marktplatz aus dem das Inserat stammt, weitergeleitet. Die Metasuchmaschinen haben Verträge mit den Plattformen und erhalten für jede Weiterleitung Geld. Nicht nur, dass diese Zahlungen schon respektabel sind, bei so einem Traffic lässt sich auch mit Google- oder anderer Werbung ganz gut Geld verdienen. Oder bei einem Exit. Im Oktober 2015 verkaufte Flotzinger sein immo.at an die Bauer Media Austria, der Gruppe gehört unter anderem der Titel Bazar. Nicht ganz klar ist die Logik dahinter, denn damit stärkt Bauer Media ja auch andere Plattformen oder vergrämt diese, wenn deren Inserate weiter hinten gereiht werden und Bazar-Anzeigen bevorzugt werden. Dann wären die Zahlungen für den Traffic wohl neu zu verhandeln.

Anfang März 2016 wechselte auch die Metasuchmaschine Nuroa den Eigentümer, Käufer ist die Mitula-Gruppe, die nach Trovit den zweiten Platz im globalen Wettkampf der „Verticals“ belegt. Verticals sind Plattformen, die mehrere Produktsparten bedienen, meist Autos, Jobs und eben Immobilien. Alleskralle zählt in Österreich zu diesen vertikalen Metaplattformen.

Und dann kam zoomsquare …

… und nichts passierte. Das heißt: doch! Alle jubelten und die Medien schrieben über diese tolle, neue Plattform. Ich habe die Plattform bis heute nicht verstanden. In meinem Blog auf immobranche.at schrieb ich zum Markteintritt 2014:

„Das Ding heißt Zoomsquare und verwirrt. Betont lässig versuchen die Initiatoren einen auf Start-up zu machen. Was die Sache interessant macht, muss man ihnen erst aus der Nase kitzeln, dabei handelt es sich tatsächlich um eine neuartige Suchmaschine, die mittels „Crawling“ alle Maklerseiten, alle bestehenden Suchportale, alle Facebook- und Bauträgerseiten sowie andere Einträge im Internet abgrast und zusammenfasst.

Zum Zweiten soll die Art der Suche spezieller sein. Durch irgendwelche Parameter soll aus den Informationen im Text die genaue Adresse des Objekts errechnet werden. Ganz ehrlich: Darauf bin ich gespannt! Denn solche Versuche gab es ja bereits (z.B. von wohnnet bzw. auch von immobilien.net als augmented reality) und sie funktionieren in Österreich nicht zufriedenstellend.“

Daran hat sich bis heute nichts geändert. Dafür wurde viel öffentliches Fördergeld verheizt, ohne dabei etwas Innovatives zu fördern.

D. Subversiv und innovativ: Die Disruptoren

Proptechs nennen sich die neuen Internetlösungen, die als Start-ups derzeit aus dem Web schießen. Richtig Treibstoff erhielt die Entwicklung durch die Einführung des Bestellerprinzips in Deutschland (derjenige, der den Makler beauftragt, muss ihn auch bezahlen). Über 100 neue Plattformen gibt es derzeit, manche von ihnen sind brav und wie ein herkömmlicher Marktplatz aufgebaut, andere subversiv und innovativ. Technische Datenbanken werden auch mit realen Services wie Besichtigungen oder Bewertungen verbunden. Viele Modelle umgehen den Makler und die für ihn fälligen Provisionen, weshalb es natürlich Kritik an den neuen Modellen hagelt. Dennoch werden es fast täglich mehr.

1. Klassische Vermarktung (altes Modell)

Nach dem derzeitigen österreichischen System erhält der Makler im Idealfall von beiden Seiten Provision, in der Praxis aber meist nur vom Abnehmer – zumindest in Ballungsräumen mit hoher Nachfrage. Er vertritt offiziell die Interessen des Verkäufers und des Käufers, das nennt sich Doppelvertretung. Da er aber Objekte braucht, die er vermitteln kann, hat er ein natürliches Interesse, die Abgeber besonders zu servicieren. Die Doppelvertretung kommt daher immer stärker in Diskussion, und einziges Argument dafür ist der mediative Aspekt.

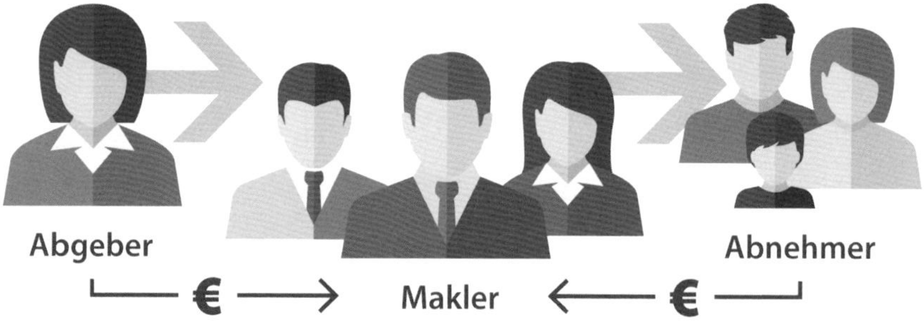

Bilder: Shutterstock, Grafik: Immobilienwirtschaft.

2. Marktplatz

Dieses Modell ist eine Erweiterung des klassischen Ablaufs. Hat der Makler nicht gleich einen Käufer oder Mieter an der Hand, inseriert er in Zeitungen und auf Internetportalen. Dadurch entstehen ihm zusätzlich Kosten, die mittlerweile in manchen Büros bereits zurückgeschraubt werden, indem man eine eigene, starke und SEO-taugliche Website betreibt.

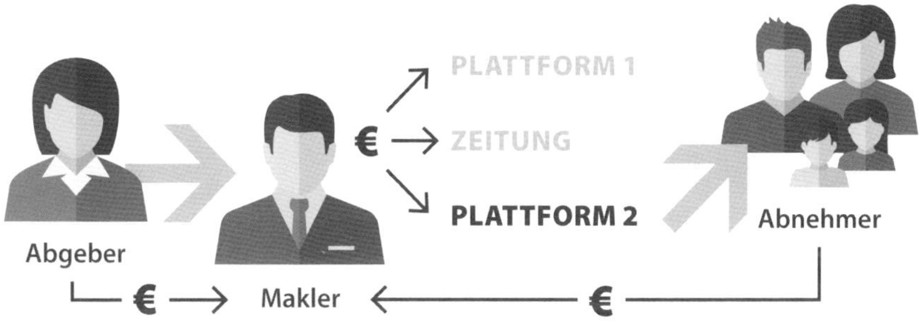

Bilder: Shutterstock, Grafik: Immobilienwirtschaft

3. Matching

Matching funktioniert so: Mieter oder Käufer legen auf der Plattform ein Profil von sich an, indem sie ihre Lebenssituation beschreiben, Bonität und Gehalt nachweisen, Fotos hochladen etc. Bei den meisten Plattformen zahlen sie einen geringen Betrag dafür, etwa einen Euro.

Der Immobilienabgeber bzw. Vermieter sucht sich direkt auf der Plattform den zukünftigen Mieter aus bzw. stellt sein Objekt in die Datenbank. Das ist meist auch kostenfrei. Plattformen wie Faceyourbase bieten zusätzliche Dienste wie Besichtigungsservice, Exposéservice etc. an und verlangen dafür ein Entgelt (z.B. 129 und 89 Euro für die genannten Beispiele).

Weiters werden Zahlungen vom Mieter fällig, wenn ein Kontakt zustande kommt (z.B. 10 Euro) und bei einem tatsächlichen Vertragsabschluss (30 Euro). Die genauen Bezahlbestimmungen variieren von Plattform zu Plattform. In Deutschland gibt es derzeit rund 17 solcher Seiten, auch in Österreich sind die ersten bereits gestartet. Positiv für den Suchenden: Es gibt exakte Adressen der Objekte. Außerdem werden von den Mietern Track-Records erstellt – das kann gut sein, im Falle einer späteren Bewerbung bei einem Vermieter, oder auch schlecht: Stichwort Datenschutz.

Theoretisch könnte es im Mietbereich mit den einmal gespeicherten Wunschprofilen zu einer Mobilisierung an Umzügen kommen, denn wenn der Konsument immer wieder brauchbare Vorschläge zur Verbesserung seiner Wohnsituation bekommt und hierfür auch keine Maklergebühr zahlen muss, steigt die Wahrscheinlichkeit einer steten Wohnoptimierung.

Als Sonderform der Matchingkategorie können auch Nachmietersuchen gesehen werden. Bei diesen fließt mitunter auch gar kein Geld.

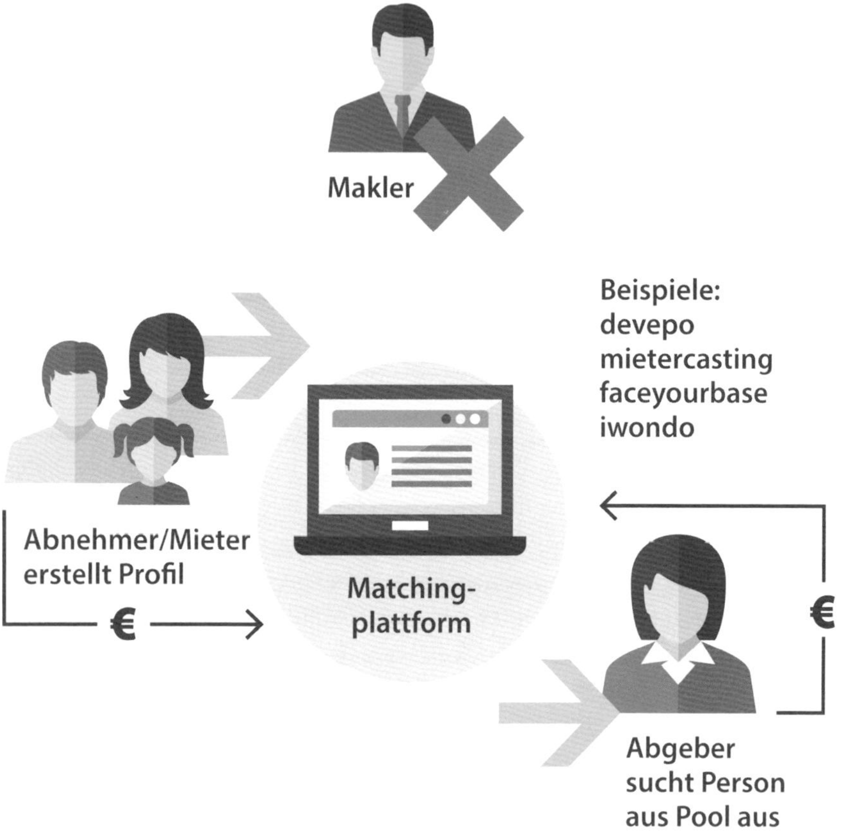

Bilder: Shutterstock, Grafik: Immobilienwirtschaft.

4. Bewertungs-/Vergleichsportale

Hier werden keine Objekte gelistet, sondern Makler. Sie können sich präsentieren, um vom Abgebenden gefunden zu werden. Spezialisierte Makler haben daher die Nase vorne. Die Breite dieser Portale reicht von simplen „Gelben Seiten" bis zu intelligenten Bewertungsplattformen inklusive Angabe der Geschwindigkeit der Antwort des Maklers auf eine Anfrage. Das Geschäftsmodell: Für alle so lange gratis, bis ein Geschäft zustande kommt, dann zahlt der Makler zum Beispiel 20 Prozent seines Honorars an die Plattform.

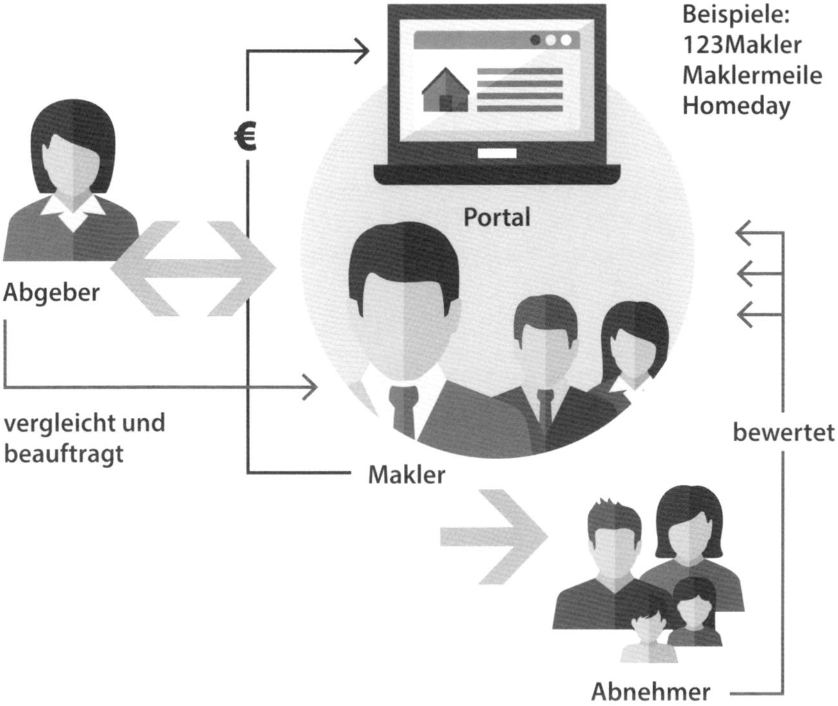

Bilder: Shutterstock, Grafik: Immobilienwirtschaft.

5. Direkte Vermarktung

Bei der direkten Vermarktung wird der Makler einfach ausgeschaltet. Es gibt sie in Form von Auktionen, bei denen nach Abschluss beim Notar der Anbieter 1,5 Prozent des Kaufpreises an die Website zahlt. McMakler ist eines der bekannteren Proptechs, die zum Beispiel um 498 Euro Fixpreis die Vermietung eines Objekts anbieten, inklusive Exposé und Bewertung, Bewerberkommunikation, Besichtigung etc. Das Verkaufen ist bei McMakler derzeit für die Abgeber kostenlos.

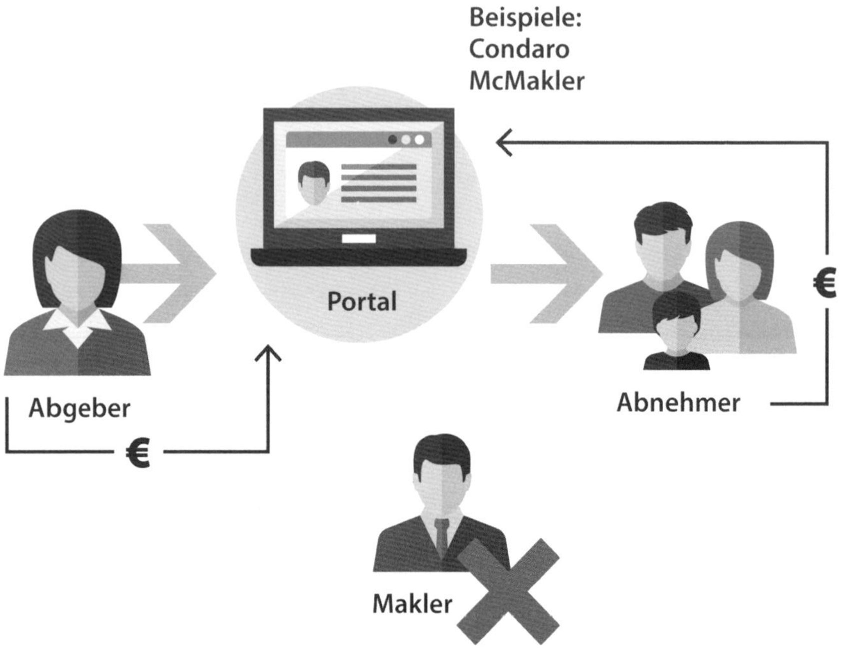

Bilder: Shutterstock, Grafik: Immobilienwirtschaft.

Wie in den nächsten Kapiteln ersichtlich, sind die Varianten der neuen Proptechs mannigfaltig und die Anzahl ist atemberaubend. Einmal Luft holen, bitte! Da wird eine Vielzahl wieder so schnell verschwinden, wie sie gekommen ist, aber – und das ist das Ernstzunehmende – ein paar werden die Gewinner sein. Dass sich die grundsätzlichen Prinzipien dieser Plattformen nicht durchsetzen, dafür gibt es keinen Hinweis.

Der Hype hingegen kennt derzeit fast nur Superlative. 1,7 Milliarden US-Dollar wurden laut der Venture-Capital-Datenbank cbinsights.com im Jahr 2015 in Proptechs investiert (allerdings inklusive Crowdfunding-Ideen, Datenverwertungssoftware etc.).

6. Noch mehr Ideen

Ich empfehle eine leichte Bergwanderung, um sich mit Muse und meditativer Anstrengung von den Denkmustern des Alltags zu entfernen. Dann schießen einem auch recht schnell weitere Ideen durchs Hirn, zum Beispiel Plattformen, die gar nicht auf konkrete Nachfragen reagieren, sondern den Immobilienbedarf adressieren.

a) Bedarf schaffen

Das könnte so gehen: Auf Basis bestehender Transaktions-/Vermietungsdaten werden Angebote für Kundenprofile geschneidert. So bekommt etwa die Familie, die jetzt in einer 4-Zimmer-Wohnung lebt, „Angebote" für ein Haus mit vier Zimmern und Garten. Der Clou dabei: Das Haus muss noch gar nicht zum Verkauf stehen. Plattformen wie diese adressieren die Verkäuferseite und wollen sie mobilisieren, indem sie mit konkreten Anfragen auf sie zu kommen und sie erst einmal auf die Idee bringen, was ihre Immobilie wert ist und dass sie sie doch eventuell einmal veräußern könnten.

b) Bewertung für alle

Wertermittlungen von Immobilien werden bei den deutschen und österreichischen Disruptionsplattformen derzeit noch ab und zu an menschliche Makler und Gutachter ausgelagert. Mit steigender Datenmenge wird sich das rasch ändern, das ist die banalste Form von Big Data. Zillow in den USA macht es schon längst vor. Die Plattform vergleicht Verkaufsdaten im Umfeld des Objekts, und schwupps, schon ist das automatisierte Gutachten fertig. Dabei überprüft Zillow seine eigenen Ergebnisse übrigens auf die Genauigkeit. In Österreich schlug schon die Einführung von Roland Schmids Immovaluation hohe Wellen. Auch der Markteintritt von on-geo mit seiner Bewertungssoftware LORA Anfang 2016 und die Übernahme der R+S Software durch die deutsche Sprengnetter-Gruppe brachten Bewegung in den Markt. Was keiner sagte: Jeder dieser Player könnte sofort eine Bewertungssoftware für die Öffentlichkeit auf den Markt bringen und quasi den kompletten Bewertermarkt eliminieren. Ich bin gespannt, wer als Erster vorprescht. Wahrscheinlich keiner von den genannten, denn die Kunden (Makler) wären dahin, also wird es wieder ein Branchenfremder sein, der dieses Transparenzloch im Internet füllen wird, vielleicht auch ein cleveres Medienhaus wie die Immobilien Zeitung, die jetzt schon in Deutschland erste Versuche zu Objektbewertung und Wohnmarktanalyse sowie Neubauübersichten anbietet.

Im Übrigen wird auch der Bewertungsprozess selbst immer effizienter gestaltet. Im April 2016 präsentierte die deutsche Softwareschmiede „Objektkultur Software“ den Prototyp einer Spracherkennungs-App, mit deren Hilfe Gutachter ihre Erkenntnisse nun automatisiert in den Datenbestand einspeisen bzw. „einsprechen“ können. Die Software wurde vorerst für einen speziellen Kunden entwickelt: Die LBImmoWert, eine unabhängige Bewertungsgesellschaft. Das Unternehmen berät ausgehend von sieben Standorten Banken, Sparkassen, Versicherungen, Investoren, Leasing- und Immobiliengesellschaften. Dabei werden pro Jahr etwa 4.000 Immobiliengutachten erstellt, künftig einfach per Spracheingabe.

c) Plattform zur Objektakquise

Websites wie Hauswertrechner.de, der Wertberechner.de und Haulyse.de haben eigentlich einen ganz anderen Zweck, als den Konsumenten bei der Ermittlung seines Objektes zu unterstützen. Um zu verstehen, worum es da wirklich geht, muss man auf www.deutsche-immo-leads.de klicken. Dort werden Maklern bezahlte Leads, also Erstkontakte von potenziellen Immobilienabgebern, zur Verfügung gestellt. Als Quelle der Leads werden eben die Wertermittlungsplattformen (sogenannte Leads-Generatoren) angegeben. Die Vorteile werden auf der Website dann weiter wie folgt erklärt:

VORTEILE LAUT DEUTSCHE IMMO LEADS

Nie mehr zeitraubende und kostenintensive Objektakquise

Hochwertigste Leads (keine Quantität – dafür 100 Prozent Qualität)

Der potenzielle Verkäufer hat bereits von unserer Agentur 11XI eine hochwertige Verkehrswertermittlung erhalten.

Der potenzielle Verkäufer erwartet den Besuch des Maklers und möchte auch einen Maklerauftrag vergeben.

Erst bei einem Maklerauftrag wird der Lead als „kostenpflichtig“ angerechnet.

Automatischer Lead-Ersatz bei Nicht-Auftrag.

dadurch 100 Prozent Ausschöpfung: 1 Lead = 1 Auftrag = 1 Courtage

Konkurrenzloses Preis-/Leistungsverhältnis (Lead ab 70 Euro)

Geld-zurück-Garantie

Kurzer Vertragszeitraum von drei Monaten

Kleine Lead-Pakete: schon ab einem Lead pro Monat

Nur für ausgewählte limitierte Maklerbüros (PLZ-Exklusivität im Lead-Generator)

Lead-Einzugsgebiet: Direktes Einzugsgebiet des Maklers (durch PLZ Festlegung)

Auswahl nach Immobilienart: Lead-Objekt-Bestimmung durch den Makler: nach Miet- oder Kaufobjekten und Wohnungs-, Gewerbe- oder Hausobjekten.

Exklusiver Lead: Nur einmalige Vergabe eines Leads an nur einen Makler

Keine Kostenfalle: Deckelung der maximal abzunehmenden Leads pro Monat (z.B. Abnahme von nur einem Lead pro Monat)

Keine Doppelbuchung: Sollte der Lead (Kontakt zum potenziellen Verkäufer) bereits in der Datenbank des Maklers vorliegen, so stornieren wir den Lead und liefern Ersatz.

Quelle: Eigenangaben, zitiert aus www.deutsche-immo-leads.de.

d) Mietenchecker

Dieses Onlineportal hebt sich deutlich von der Idee der Vermittlungsportale ab. Es dient nicht dazu, Anbietern oder Suchenden eine Plattform zu bieten, sondern Mietern von Altbauwohnungen den zulässigen Mietzins zu errechnen. Mietenchecker stellt auch Kontakt zu Anwälten her, die Mieter bei der Durchsetzung von Mietansprüchen unterstützen. Im Erfolgsfall werden dem Portal 30 Prozent des erstatteten Betrages gezahlt. Sollte es zu keiner Rückerstattung zu viel bezahlter Miete kommen, wird auch kein Honorar an Mietenchecker bezahlt. Nur so viel sei gesagt: Wäre jeder Makler so ein guter Interessenvertreter des Mieters, hätte so ein Portal keine Existenzchance.

www.mietenchecker.at

e) Digitale Empfehlungen

Realbest und seine Investoren sind von der ganzen Vendomo-Pleite unbeeindruckt. Und wahrscheinlich auch vom Rocket-Aktienkurs, der sich aufgrund qualitativ fragwürdiger Produkte 2015 von gut 51 Euro recht kontinuierlich auf nicht einmal 20 Euro am Ende des Jahres runterfräste.

Wesentlich für den Verkaufsprozess über Realbest ist, dass es sich des größten „Empfehlungsnetzwerks Deutschlands“ bedient, so die Eigenauskunft. Tausende Makler und Empfehlungsgeber bei Banken und Finanzdienstleistern sollen den Verkauf beschleunigen. Digitales Empfehlungsnetzwerken also. Doppelt so viele Käuferinteressenten sollen so über diese Plattform generiert werden und den Transaktionsprozess deutlich beschleunigen. Diverse Services wie Wertermittlung etc. kommen aus dem Haus realbest. Verkäufer haben in ihrem Onlinezugang in Echtzeit den Überblick über alle Vermarktungsaktivitäten („Verkäufercockpit“). Im Februar 2016 schloss das Unternehmen eine dritte Finanzierungsrunde im Millionenbereich ab. Zu den bestehenden Investoren (IBB Beteiligungsgesellschaft, Ventech und Plutos Group) gesellten sich Obotritia Capital, der German Startups Group und weitere Business Angels aus dem Immobilienbereich.

www.realbest.de

f) Datenbroker

Big Data ist als Begriff übertrieben, es sind einfach Services, die diverse Datenquellen anzapfen, sie praktisch zusammenfassen und dann dem Makler zur Verfügung stellen. Checkmyplace z.B. generiert ein Besichtigungsprofil für Laien um 0 Euro, einen Objektreport mit allen Lagedaten, Geschichte des Bezirks, Lärmbelastungen, Infrastrukturdaten, Wahlergebnissen etc. um 17,90 Euro. Mit der Integration von Kaufverträgen aus der Umgebung (der Report kostet dann 360 Euro) bewegt sich Checkmyplace schon in eine neue Richtung. Klar übrigens, dass diese Daten nicht nur als PDF oder in Print, sondern auch für die Website geliefert werden.

www.checkmyplace.com

Der Makler wird gebraucht weil:	Digitale Substitution?
Marktinformation	ja
Bewertung	ja
Adresse	ja / tlw.
Anonymität	möglich
Inserat, Exposée	ja
Besichtigung	ja
menschlicher Aspekt	nein

Die meisten Aufgaben des Maklers sind – unabhängig von der Qualität – mittels Technologie ersetzbar.

7. Beispiele disruptiver Plattformen

Sie kommen. Immer mehr von ihnen, und sie wollen alle bleiben. Das wird sich naturgemäß nicht ausgehen, aber das ist das Risiko eines Start-ups. Daher wird es unter ihnen einen noch härteren Verdrängungswettbewerb geben als bei den klassischen Marktplätzen, die heute schon um das Inseratengeld kämpfen.

Apropos „normale" Marktplätze: Auch wenn die disruptiven Modelle eigentlich viel attraktiver sind, selbst bei den klassischen Marktplätzen ist Bewegung drinnen. Kleine Start-ups programmieren immer häufiger spezialisierte Marktplätze, wie etwa Brickspaces, das Gewerbeflächen für Kurzzeitnutzung vermittelt. Oder keytooffice.com, über das man leerstehende Besprechungsräume in Wien buchen kann. Wunderflats, Homelike kennen Kurzzeitapartments zum Wohnen, Accomodeo ist auf servicierte Wohnungen spezialisiert, comate.me findet (hoffentlich) sympathische Mitbewohner, ähnlich wg-zimmer.at oder easywg.at. Wieder ein anderes Prinzip: Null-provisionen.de saugt alle provisionsfreien Angebote von Immobilienscout24 ab und bündelt sie auf einer Seite.

Egal, wie viele von ihnen wieder eingehen, was bleibt, ist die Hebelwirkung der neuen Modelle, das Prinzip, schneller und effizienter und billiger zu vermarkten. Im Folgenden finden Sie einen kleinen Überblick der fidelen Start-ups im Immobilienvermittlungsbereich. Einige sind beschrieben, weitere finden Sie als Links am Ende. Ziel ist es, einen Eindruck zu vermitteln, was derzeit schon alles online ist.

Talocasa

„Wir haben erkannt, dass Immobilienmakler ihre Verkaufsobjekte hauptsächlich offline akquirieren, obwohl die Erstinformation auf Konsumentenseite zunehmend online erfolgt", erklärte Sebastian Wagner, Gründer und Geschäftsführer von Talocasa zum Start der Plattform 2014. Die Zielgruppe von Talocasa sind Verkäufer von Immobilien. Die Website führt eine Bedarfsanalyse durch und sucht den passenden Makler für das Objekt. Dem Verkäufer entstehen keine Kosten durch Talocasa. Der beauftragte Makler entrichtete eine Servicegebühr an Talocasa, allerdings erst, wenn er mit dem Geschäft Einnahmen erwirtschaftet.

www.talocasa.at

123makler

Die Suche nach einem passenden Immobilienmakler effizienter zu gestalten, ist auch das Ziel von 123makler. Interessierte Makler können sich dort präsentieren und über Suchfunktionen schnell und unkompliziert gefunden werden. Für Immobilienanbieter ist der Dienst kostenlos, Makler soll er im Erfolgsfall 20 Prozent der vereinnahmten Provision kosten.

www.123makler.de

iwondo

Ein recht junges Unternehmen aus Wien, gegründet von Immobilienmaklern bzw. deren Kindern, die auch als Vermittler tätig sind. Und ja, der Name steht für: I wohn do! Suchende geben ein anonymisiertes Profil der Immobilie ein und zahlen im Vergleich zu anderen Matchingportalen nichts. Die Anbieter der Objekte können Privatpersonen, Hausverwaltungen, Bauträger und Makler sein, sie wählen die gewünschten Profile für ein Objekt aus und dann wird ein Kontakt hergestellt.

www.iwondo.at

Mietguru

Mietguru ist ein österreichisches Vermittlungsportal zwischen Suchenden und Maklern. Die Makler können nicht direkt ein Inserat schalten. Die Suchenden wählen die für sie wichtigen Kriterien aus und erhalten Vorschläge. Wer diese Vorschläge anklickt, wird sie auf die Partnerwebsites weitergeleitet. Die verschiedenen Partner sind unter anderem immobilienscout24.at, immowelt.at, immobilien.net und FindMyHome.at. Die Website bietet aufgrund der verschiedenen namenhaften Partner relativ viele Immobilien an. Sie finanziert sich größtenteils durch die Partner, aber auch durch Werbung. Außerdem inkludiert die Website einen Blog zum Thema Wohnen, darin werden verschiedene Tipps, Infos über Wien, Trends und rechtliche Informationen veröffentlicht. Auch hier schalten sich wieder Kooperationspartner, wie etwa die Allianz Versicherung, ein.

www.mietguru.at

Immojack

Die österreichische Newcomer verspricht einfache und schnellstmögliche Vermietung und Verkauf zum Fixpreis, indem er die Inserate auf diversen großen Plattformen streut (ähnlich wie bei Mietguru) und so mehr als drei Millionen Besucher-Reichweite pro Monat verspricht. Außerdem im Leistungsportfolio: Mieter-Rating-Check, Immobilienbewertung, Exposéservice.

www.immojack.at

Faceyourbase

Auch hier wird der Makler ersetzt und das Honorar entfällt. Immobilienjournalist Walter Senk publizierte im April 2016 im ImmobilienFokus ein Interview mit Christian Dau, dem Geschäftsführer von faceyourbase.com, die ihre Dienst auch in Österreich anbieten. Hier lesen Sie es in leicht gekürzter Form, es steht stellvertretend für alle anderen Matchinganbieter. Wie gesagt, die konkreten Modelle, wer wann wie viel zahlt, variieren.

Walter Senk: Wie funktioniert das System für einen Vermieter?

Christian Dau: Als Vermieter inserieren Sie einfach bei uns Ihr Objekt, das wir auch auf Drittportale spielen, um Nachfrage zu generieren. Alle Profile sammeln sich in Ihrem faceyourbase.com-Konto und dann wählen Sie circa nach drei bis vier Tagen unter den Bewerbern aus, ohne eine E-Mail oder einen Anruf beantworten zu müssen. Sie können ganz bequem in Ihr Bewerbercockpit schauen, alle Profile filtern und die bis zu zehn besten Kandidaten auswählen. Dann geben Sie nur noch Ihren Wunschtermin ein, und das System sendet ihn an alle Bewerber. Die Bewerber haben nun 24 Stunden Zeit, dies anzunehmen.

Das heißt, das gesamte System ist für den Nutzer sehr einfach gehalten.

Dau: Ja, sehr einfach, Inserat eingeben, die Masken sind ähnlich wie bei marktführenden Anbietern aufgebaut, das Prozedere ist gelernt und durch den Auswahlprozess wird man durchgeführt. Mieter hingegen sind stets informiert, viel mehr als im herkömmlichen Prozess. Sobald der Vermieter eine Auswahl im System trifft, sendet das System E-Mails oder SMS an die Bewerber und informiert über den Vorgang. Allein dafür gibt es 60 unterschiedliche E-Mails für 60 unterschiedliche Situationen von unserem System, um die Bewerber stets richtig und aktuell zu informieren.

Welche Vorteile habe ich als Vermieter?

Dau: Vermieter inserieren stets kostenlos und auch die Systemnutzung ist komplett kostenlos. Der Vermieter hat erstmalig die Möglichkeit, die Mietinteressenten vor dem Besichtigungstermin nach unterschiedlichsten Kriterien online auszuwählen und zu filtern. Besichtigungstermine werden individuell digital gesetzt und vom Mieter online innerhalb von 24 Stunden bestätigt.

Vermieter bekommen keine lästigen Anrufe und unsortierte E-Mails mehr. Eine breit angelegte, verlässliche Vermarktung findet ebenfalls statt, denn wir stellen die Objekte für die Vermieter auch kostenlos auf bekannte Drittportale und somit hat der Vermieter keinen Nachfrageverlust. Dadurch, dass man Bewerber vorab auswählt, diese vorher digital prüft und die vom Vermieter vorgeschlagenen Termine bestätigt werden müssen, ist die Qualität der Bewerber auch viel höher. Man filtert vor. Die sogenannten „No Shows", also diejenigen Bewerber, die sich ankündigen, aber doch nicht kommen, bleiben nahezu aus.

Außerdem reiht das System die Time-Slots nach der Reihenfolge der Annahme automatisch auf. Es kann also nicht sein, dass ein Termin um 10.00 Uhr und ein anderer Time-Slot erst um 12.oo Uhr stattfindet. Das System schafft Effizienz, Zeitgewinn und Ernsthaftigkeit.

Welche finanziellen Vorteile hat der Mieter?

Dau: Der Mieter zahlt in Österreich maximal 89,98 Euro, um an seine Traumwohnung zu kommen, anstelle der Maklercourtage. Aber dies auch nur, wenn er wirklich die Wohnung bekommt. Der Mieter kann sich kostenlos registrieren und sich im sogenannten Basestatus beliebig häufig auf Immobilien kostenlos bewerben. Im Premiumstatus, dem sogenannten Facestatus kostet es 0,99 Euro pro Bewerbung und für einen Time-Slot und weitere Leistung, wie Profilübermittlung oder Top-Ten-Chance zahlt der Mieter einmalig 9,99 Euro. Wenn er wirklich die Wohnung erhält und sein Profil sieben Tage dann bei uns aktiviert hatte, wird einmalig eine Anzeigenlöschung von 79 Euro fällig. In Summe also alles zusammen 89,98 Euro. Es gibt aber noch viele andere Vorteile.

Welche?

Dau: Der Mieter erhält digital vom System eine eigene persönliche Startzeit und hat eine wirklich faire Chance (maximal ein Bewerber von zehn) auf die Immobilie. Der Mieter fährt nur zu einem Termin, wenn er eine Einladung hat. Es ist keine Zeitverschwendung mehr. Studenten können sich zum Beispiel auch vorab digital richtig präsentieren und dem Vermieter mitteilen, dass es beispielweise einen seriösen Bürgen gibt. Das geht im Massentermin schnell unter. Bei uns können Mieter ihre Bewerbung auch mit Xing- und linkedIn-Profilen verknüpfen, das schafft zusätzlich Aussagekraft.

Wie wird das System in Deutschland angenommen?

Dau: Wer es einmal macht, bleibt Kunde bei uns. In Deutschland haben es über 350 Vermieter, Makler und Hausverwaltungen schon gemacht und knapp 10.000 Mieter den Prozess durchlaufen. Gegenüber der herkömmlichen Vermittlung hat unser System gerade in nachfragestarken Märkten oder bei beliebten Objekten extreme Vorteile. Die Mieter sind auch begeistert, weil keiner mehr Lust hat, sich an einem Samstagvormittag zwei bis drei Stunden lang mit 70 anderen durch eine Wohnung zu schieben und somit umsonst zum Termin zu fahren.

Wie hoch ist Ihre „Erfolgsquote"?

Dau: Durch die qualitative Vorauswahl ist es in Deutschland so, dass die meisten Vermieter im Schnitt acht bis neun Time-Slots vergeben, davon nehmen circa sechs bis sieben Bewerber an, gegebenenfalls wird nachnominiert – das ist jederzeit möglich –, und von der Einladungsmenge wird in knapp 90 Prozent der Fälle die Wohnung im ersten Treffen vergeben. Wenn nicht, ist es auch nicht schlimm, auch hier hat das System immense Vorteile, denn alle nicht ausgewählten Bewerber sind weiter Standby und können mit einem einfachen Klick des Vermieters wieder aktiviert werden und die Auswahl wird erneut getroffen.

Haben Sie für die angebotenen Immobilien eine eigene Plattform?

Dau: Ja, alle Immobilien werden bei uns dargestellt – mit Fotoauswahl, Detailinformationen und Kartenfunktion. Hausverwaltungen und Makler überspielen auch mit Schnittstellen wie Flowfact. Wenn ein Vermieter einstellt, wird die Immobilie auf gängigen Plattformen breit vermarktet. Sobald wir eine Wohnung haben, generieren wir dafür auch Nachfrage. Also der große zwingende Marktplatzgedanke ist für uns im ersten Schritt nicht entscheidend. Entscheidend ist es, frische und gute Immobilien anzubieten und nicht die Ladenhüter nochmal bei uns abzubilden. Das würde den Nutzer enttäuschen.

Sie sind seit kurzem auch in Österreich aktiv. Gibt es Unterschiede zwischen Österreich und Deutschland?

Dau: Ja, die Gesetze. Wir positionieren uns in Deutschland – wo ja das Bestellerprinzip gilt – auch für die Makler. Unser System funktioniert in beiden

Gesetzesmodellen, das war uns auch wichtig. In Deutschland nutzen es Makler, Hausverwalter und Eigentümer, da das Inserieren kostenlos ist, nur wir diesen Prozess anbieten und auch noch die Inseratengebühren übernehmen.

In Österreich können es auch Makler nutzen, nur möchten wir die Mieter immer von der Courtage befreien, das gehört zu unserem Markenkern genauso wie keine Massenbesichtigungen durchzuführen. Dafür steht Faceyourbase beim Mieter, darauf verlässt er sich. In Deutschland ist es nun durch die Gesetzgebung automatisch so. In Österreich noch nicht, daher werden uns dort vorrangig Eigentümer und gegebenenfalls Hausverwaltungen nutzen. Wir positionieren uns aber nicht gegen die Makler, wir denken, für beide Geschäftsmodelle gibt es ein Kundenklientel.

Der Eigentümer, der ohnehin gar nichts machen möchte, landet beim Makler, und derjenige, der offen für neue digitale schlanke Prozesse ist, wird faceyourbase.com sicherlich einmal ausprobieren. Außerdem sehen wir Ansätze einer Zusammenarbeit über den Besichtigungsservice in Großstädten wie Wien oder Graz mit Maklern.

homewhere.io

Eine sehr lustige Idee. Sie zeigt, wie weit es schon mit den Matchingplattformen geht. Es handelt sich im Prinzip um eine Metaplattform, die eine Lösung bietet für alle, die bei mehreren Matchingplattformen etc. aktiv sind. Für Suchende kostenlos, bietet homewhere ein zentrales Bewerberprofil, kostenlose Inserate und die portalübergreifende Suche. Von Anbietern verlangen die Betreiber 49 oder 199 Euro pro Inserat für das Pro- bzw. das Premiumpaket. Homewhere ist ein Cockpit, von dem aus alle Aktivitäten gesteuert werden können, so auch Community-Funktionen mittels der Social-Media-Komponente, mit der man seinen Freunden Wohnungen mit Kommentaren vorschlagen kann.

www.homewhere.io

Wunderagent

Hier entscheiden die Vermieter, welche Leistungen sie in Anspruch nehmen wollen und welche nicht – dementsprechend wird auch bezahlt. Gleichzeitig können Bewerber auch auf mehrere Matchingportale zugleich zugreifen. Dem Abgeber, der von Wunderagent aus wie bei homewhere alle Aktivitäten portalunabhängig steuern bzw. verfolgen kann, garantiert das Unternehmen sogar: „Bei der Wunder-Power-Vermarktung für 29 Euro erhalten Sie Ihr Geld zurück, wenn Sie nach 20 Wochen keine 20 Bewerberanfragen erhalten haben. Auch bei dem Besichtigungsservice für 299 Euro erhalten Sie Ihr Geld zurück, wenn wir keine Besichtigung für Sie durchgeführt haben."

www.wunderagent.de

Wohnraumradar

Wohnraumradar nennt sich das Portal für Immobilien, das am 19.1.2015 offiziell gestartet ist. Was es kann? Es versucht eine Art Premiumportal zu sein, Objekte sollen dort exklusiv eine Woche vor der Veröffentlichung in anderen Portalen erscheinen. Dafür müssen User aber auch zahlen, ebenso wie die Makler. Außerdem gibt es laut Auskunft des Gründers René Hans ausschließlich vollständige Exposés (z.B. mit Fotos und Adresse) – also eigentlich so, wie es sich jeder Konsument erwarten würde. Für Konsumenten kostet der Zugang 39 Euro für einen Monat – zumindest war das anfangs so geplant.

wohnraumradar.com

McMakler.de

McMakler ist eine Plattform für Vermieter und Verkäufer. Für Verkäufer von Eigentumsimmobilien ist das Inserieren kostenlos. Bei erfolgreicher Vermittlung und Verkaufsabschluss bezahlt der Käufer eine Provision. Bei der Vermittlung von Mietobjekten gilt das Bestellerprinzip, jedoch werden hier nicht die üblichen zwei bis drei Monatsmieten gezahlt, sondern ein Festbetrag von 498 Euro.

www.mcmakler.de

Flatbee

Bei dieser österreichischen Seite gibt es keine Provisionen und das Inserieren ist kostenlos, das Suchen nicht. Es gibt verschiedene Preismodelle: Der billigste Premium-Account zeigt Mietimmobilien an. Es werden alle Telefonnummern, E-Mails und Preise freigeschalten. Dieser Account ist für 25 Tage gültig und kostet 39 Euro. Der Eigentum-Schnäppchenjäger-Account kostet 69 Euro und ist für einen Monat freigeschalten. Dieser Account verfügt über die gleichen Vorteile wie der Mietimmobilien-Account.

Ebenso bietet der Gewerbe-Schnäppchenjäger-Account (ja, die Namensgebung ist verwirrend) dieselben Dienstleistungen an, allerdings werden hier nur gewerbliche Immobilien angezeigt. Diese Möglichkeit zur Immobiliensuche kostet 79 Euro und ist ebenfalls für einen Monat lang gültig. Die vierte Möglichkeit, um auf Flatbee Immobilien zu suchen, ist der Universal-Schnäppchenjäger-Account. Dieser bietet Zugang zu allen Immobilien, Telefonnummern, E-Mails und Preisen. Der Preis hierfür liegt bei 99,– Euro, allerdings ist dieser Account für 40 Tage gültig.

www.flatbee.at

moovin

Ein schönes Beispiel für die Differenzierung der Services eines Maklers. „Bei moovin buchen Sie nur die Services, die Sie benötigen. Fotos, Texte und Grundriss sind bereits vorhanden – wieso dann dafür bezahlen?", heißt es auf der Website. Moovin ist eine Website für Vermieter. Diese können verschiedene Services in Anspruch nehmen, wie etwa die Erstellung von Exposés, einen Vermarktungsservice, die Übernahme von Besichtigungen etc. Die erstellten Objektprofile werden auf 35 Immobilienportalen veröffentlicht. Durch diese große Anzahl an Portalen erhöht sich die Chance, einen passenden Mieter zu finden.

www.moovin.de

Jimmbo

Ein österreichischer Marktplatz für provisionsfreie Immobilien (Miete und Kauf). Hier inseriert man komplett kostenfrei. Jimboo ist nicht nur eine Plattform für Häuser und Wohnungen, sondern auch für Garagen, Baugründe und Proberäume. Es gibt eine Umkreissuche, mit der man die Suche eingrenzen kann. Die Plattform ist werbefrei. User werden auch aufgerufen, ihr Inserat auf Facebook, auf Twitter, per E-Mail oder auf anderen Plattformen zu teilen, wenn sie mehr Anfragen erhalten wollen. Hierfür gibt es einen eigenen Button zum „Teilen".

www.jimmbo.net/

checked.immo

Diese Vermittlungsplattform wirbt dezidiert für den Einsatz eines Maklers und listet artig alle Vorteile dafür auf. User können hier daher Makler und Objekte suchen oder inserieren. Kosten: Eine Flatrate wird um 39 Euro pro Monat (Laufzeit zwölf Monate) angeboten. Auch die Eingabe ist maklerfreundlich: Die Schnittstelle OpenImmo wird „selbstverständlich" unterstützt.

checked.immo

rentkit

Eigentlich ein Zwitter. Ein bisschen Marktplatz, ein bisschen vorgeschaltener Akquisekanal für die Plattform immobilienscout24. Jedenfalls ein Ersatz für Makler. Im Moment richtet sich die Seite nur an Vermieter. Die Funktion für Mieter und Käufer steht noch in der Anfangsphase und muss noch ausgebaut werden. Vermieter übermitteln die Daten der zu vermietenden Wohnung. Danach nimmt rentkit Kontakt zum Vermieter auf, um besonders aufwändige Fotos und Exposés zu erstellen. Das vollständige Profil wird auf immobilienscout24.de freigeschalten.

Rentkit übernimmt, sofern es gewünscht wird, die Besichtigungstermine, die Erstellung von Mietverträgen und die Übergabe der Objekte. Es gibt drei Arten von Modellen, welche verschiedene Leistungen anbieten. Die Preise dieser Modelle schwanken zwischen 199 und 499 Euro.

smmove

Dabei handelt es sich um die weltweit erste Onlineauktionsplattform für Mietimmobilien. Ich habe den Prozess im April 2015 auf meinem Blog immobranche.at erklärt:

Prinzip der Wohnungsversteigerung: „Bieten und mieten – finde den besten Mieter" ist das Motto von smmove. Damit auf beiden Seiten – also bei Mietern und Vermietern – keine falschen Erwartungen entstehen, hat smmove einen intelligenten Matchingprozess entwickelt, damit nur die Mieter und Vermieter zusammengebracht werden, die am Ende auch wirklich den Mietvertrag schließen. Dabei ist eines der Hauptkriterien, ob man mitbieten und mieten kann, die Solvenz und Bonität des künftigen Mieters. Jeder Mietinteressent wird automatisch und für den Vermieter kostenlos von Wirtschaftsauskunftsdateien (wie Schufa, Creditreform und anderen) auf seine Bonität geprüft. Während des Auktionsverlaufes wird mittels eines automatisierten Monitorings kontinuierlich die Relation zwischen abgegebenem Mietpreisgebot und angegebenem Haushaltsnettoeinkommen geprüft.

Matching: Ein zusätzliches qualitatives Matching nach dem Dating-Prinzip optimiert die Wohnungssuche. Hierbei können Mietinteressenten bevorzugte Mietkriterien wie zum Beispiel „Spielplatz- oder Schulnähe", „familienfreundliche Wohngegend", „Studentenviertel" oder „Haustiere erlaubt" auswählen, sodass sie direkt auf Objekte bieten, die ihren Kriterien und zugleich denen des Vermieters entsprechen. So können spätere eventuelle Schwierigkeiten mit der Nachbarschaft oder Ähnliches direkt ausgeschlossen werden. Zudem können sich Mietinteressenten erstmals mit einem speziellen Tool bestmöglich selbst beschreiben.

Preisfindung: smmove ist eine Plattform zur optimalen Mietpreisfindung. Das Auktionsformat sichert dabei die Balance von Angebot und Nachfrage. Vermieter bestimmen ihr Wunschgebot und Mietinteressenten mittels Gebotsabgabe die für sie gerechtfertigte Miethöhe. Vermieter können dabei eine Höchstmiete festlegen, die ein faires Niveau abbildet (oder dem gesetzlich zulässigen Rahmen entspricht – siehe qualifizierter Mietspiegel). Mietinteressenten können wiederum ein Gebot abgeben, wenn sie den Vorgaben zu dem inserierten Objekt entsprechen. Dieses Gebot kann unter oder über dem Wunschgebot des Vermieters liegen oder genau seinen Vorstellungen entsprechen. smmove qualifiziert alle Gebote und präsentiert dem Vermieter maximal fünf Höchstgebote.

Auktionsende: Nach Auktionsende kann sich der Vermieter innerhalb einer Woche unter den maximal fünf Höchstbietenden für einen Mieter entscheiden. Dabei steht es ihm frei, die von smmove präsentierten Kandidaten persönlich einzuladen oder effizient und zeitsparend via Videochat kennenzulernen. Wer trotz umfassender Darstellung im Internet Wert auf die Besichtigung der Wohnung legt, kann selbstverständlich auch diese jederzeit (während der Auktion oder am Auktionsende) vereinbaren. Sollte unter den fünf präsentierten Mietern kein passender dabei sein, steht es dem Wohnungsanbieter frei, sich auch alle anderen Gebote anzuschauen und aus diesem Pool von Interessenten den für ihn richtigen auszuwählen.

Kosten: Die einfache Nutzung von smmove ist für alle Beteiligten provisionsfrei. Vermieter profitieren sogar von kostenlosen Basisanzeigen. Auktionsgebühren fallen erst bei Mietvertragsabschluss an und liegen bei 25 Prozent einer Nettokaltmiete. Diese müssen vom Vermieter (Anbieter) an smmove gezahlt werden. Für den Mietinteressenten entstehen im ganzen Auktionsprozess bis hin zum Vertragsabschluss keine Gebühren, da Profilerstellung, Bonitätsprüfung und Teilnahme an Auktionen etc. für ihn kostenlos sind. Um das Matching von Angebot und Nachfrage für den Vermieter noch unkomplizierter und zeitsparender zu gestalten, bietet die Plattform außerdem verschiedene kostenpflichtige Zusatzleistungen: Über einen Fotoservice können professionelle Wohnungsbilder für eine überzeugende Präsentation angefertigt werden (ab 149 Euro). Zudem übernimmt smmove auf Wunsch des Vermieters die Wohnungsbesichtigungen (erste Besichtigung 199 Euro, jede weitere 99 Euro). Daneben können Inserate gegen Gebühr attraktiv hervorgehoben werden (Highlight-Platzierung: ab 3,33 Euro pro gebuchtem Tag).

Condaro
Eine weitere Auktionsplattform – allerdings für den provisionsfreien Kauf.
condaro.com

Ohne-Makler.net
Nomen est omen. Hier wird vor allem damit geworben, dass man sich nicht nur Maklergebühr, sondern auch Inseratkosten spart, weil das über die Plattform eingetragene Objekt automatisch auf anderen großen Marktplätzen wie Immonet, Immowelt und immobilienscout24 sowie auf Seiten wie bild.de, immobilio und ebay etc. erscheint. Der Anbieter verspricht auf der Website eine „erhebliche Kostenersparnis bis zu 50 Prozent. Die Buchung der vielen großen Portale über ohne-makler.net kostet für einen Monat nur 115 Euro und für drei Monate nur 239 Euro. Ein direktes Buchen einer Verkaufsanzeige nur auf den großen Portalen immowelt, immonet, immobilienscout24 und immobilien.de würde für einen Monat 208 Euro und für drei Monate 456 Euro kosten."

Je nachdem, auf wie vielen Plattformen das Inserat durchgeschalten werden soll, verändert sich der Preis. Das kleinste Paket mit einer Laufzeit von 14 Tagen kommt auf 35 Euro für die Vermietung, 65 Euro für den Verkauf eines Objektes. Das größte Paket (Laufzeit drei Monate, alle Plattformen) macht 199 Euro (Vermietung) bzw. 239 Euro (Verkauf) aus. Über Ohne-Makler können auch gewerbliche Anbieter buchen.
www.ohne-makler.net

Überblick über weitere Vermittlungs-Proptechs

Portal	URL
Alles Kleinanzeige	www.allekleinanzeigen.at
coozzy	www.coozzy.com
devepo	www.devepo.de
Domiando	www.domiando.de
Flimmox	www.flimmox.de
Homeday	www.homeday.de
ImmoApply	www.immoapply.de
Immobase	www.immobase.de
Immojack	www.immojack.at
immomio	www.immomio.de
Immoupload	http://www.immoupload.de
immoverkauf24	www.immoverkauf24.de
lifelife	www.lifelife.io
Maklermeile	www.maklermeile.de
Maklersuchen	www.maklersuchen.com
Maklaro	www.maklaro.de
Mietercasting	www.Mietercasting.de
My Real ID	www.myrealid.com
Nesthub	www.nesthub.de
Nestpick	www.nestpick.de
Rentondo	www.rentondo.de
Salz & Brot	salzundbrot.com
TopRop	www.toprop.com
Vermied Butler	vermietbutler.de
Vermiet Agent	www.vermietagent.de
Vermietfabrik	www.vermietfabrik.de
Vermietster	www.vermietster.de
Wohnschlüssel	www.wohnschluessel.de
Yoventi	www.yoventi.de

E. Online versus offline

Worin liegt die Zukunft der Bewerbung von Immobilien? Online werde Print ablösen, tönt es schon seit Jahren. Mag sein, aber noch fließt mehr Geld in die alten Medien. Focus Media Research ermittelt den Werbewert von Immobilienraumanzeigen in Printmedien, dabei werden die publizierten Inseratenflächen mit den Anzeigenpreisen multipliziert. Heraus kommt der sogenannte Werbewert, und dieser lag in den Jahren 2014 und 2015 jeweils bei rund 25 Millionen Euro. Hier sind keine Rabatte eingerechnet, für den Vergleich mit Onlineportalen kann die Zahl aber herangezogen werden. Im Internet wurden mit dem Rubrikenmarkt im Jahr 2014 zum Vergleich 15,7 Millionen Euro brutto umgesetzt, so eine Studie von mediaplanung.at, die auch die Rabatte erfasst. So kommt sie auf einen Nettoumsatz von 12,73 Millionen Euro, also durchschnittlich elf Prozent Rabatt. 2014 wurde am meisten auf willhaben, Immobilien.net und derStandard.at/Immobilien inseriert. Die auffälligsten Vergünstigungen gab es bei Immobilienscout24, bei dem das Brutto-Netto-Verhältnis um 40 Prozent auseinanderklafft.

Aber ganz ehrlich, Studien liefern auch nur Zahlen. Medien überschlagen sich gerne mit unnützen Meldungen. „Bis 2015 überholt Onlinewerbung Print", titelte das Wirtschaftsblatt 2013. Die Zahlen zeigen, so weit ist es noch nicht. Letztlich zählt doch der Hausverstand bzw., ökonomisch ausgedrückt, die Taktik, wer wie erreicht werden soll. Wesentlicher Vorteil von Onlineplattformen ist natürlich die einfachere Erfolgsmessung, mit der man schnell weiß, ob die Taktik aufgeht oder nicht. Das erfolgt bei Printmedien maximal über die Anzahl der Interessenten. Wobei: In Zeiten der alleinigen Printherrschaft vor 20 Jahren stellte so manches renommierte Magazin Studenten an, die sich auf die Immobilienanzeigen bei den Maklern oder Eigentümern meldeten und Interesse vortäuschten.

Vielleicht liegt die Wahrheit aber immer noch da draußen, die beste Marketingmaßnahme sei immer noch ein Verkaufsschild am Objekt selbst, meint Axel Kloth vom IVD in der Zeitschrift Immobilienwirtschaft: „Da kann ich mir das Inserieren sparen, das schlägt nach wie vor alles."

Die wesentliche Fragc wird aber sein: Was wird Technologie in Zukunft leisten können? Es ist die Diskussion um künstliche Intelligenz, der Kampf Mensch gegen Maschine, ob bei Schach, der Kriegsführung oder der Frustration nach dem Installieren eines Updates am Computer ... Wer wird welche Leistung im Vermittlungsprozess erbringen und wie teuer wird das sein? Der unschlagbare Vorteil der digitalen Welt: Automatisierung, Skalierbarkeit, mehr vom Gleichen kostet nicht viel mehr. Daher müssen die Entwicklungskosten und der Profit bezahlt werden. Wer sagt, dass man da überhaupt noch Inserate braucht? Plattformen? Vielleicht läuft der Anzeigenumsatz in mittelfristiger Zukunft in ganz andere Kanäle. In der Zwischenzeit gilt es, nicht in Schwarz und Weiß aufzuteilen. Die Proptechs zeigen es vor: Man hole aus jedem Bereich das, womit man in seiner Kerntätigkeit am besten unterstützt wird.

F. Facebook und Co

Keine Angst vor Facebook! Netzwerke wie diese können helfen, Angebote schneller zu verbreiten und Zielgruppen genauer zu adressieren.

Aus einer Business-Sicht schafft es Facebook ganz gut, von großen Unternehmen Geld zu lukrieren, also zum Beispiel von Immobilienplattformen, nicht aber von lokalen, kleinen Maklern – mit der Ausnahme von Remarketing-Aktivitäten (siehe Kapitel „Digitale Strategien und Maßnahmen"). Der regionale Experte mit Know-how kann von Facebook nicht ersetzt werden.

Immer wieder gehen auch Privatinserate über Facebook. Weitaus häufiger werden aber Anzeigen geteilt, die zuerst in Immobilienportalen aufgegeben wurden. Es zeigt sich, dass die User gar nicht darauf aus sind, ihre Angebote *nur* in einem sozialen Netzwerk zu teilen. Die Ausnahme: Der Bazar verfügt über einen Facebook-Kanal für provisionsfreie Immobilien, der gemessen an den Followern etwas größer ist als die anderen, kleinteiligen Gruppen.

Dennoch lässt sich festhalten: Facebook existiert nun schon seit 2004, ein für Makler existenzbedrohender Parallelmarkt hat sich in dieser Zeit nicht entwickelt. Möglicherweise ein Mitgrund: Nicht jeder Abgeber will, dass sein Umfeld vom Verkauf Wind bekommt oder dass jeder weiß, dass man drei Wohnungen vermietet. Da Facebook aber Klarnamen bzw. klar zuordenbare Profile verwendet, lässt sich das nicht vermeiden.

Es ist aber auch falsch, bei sozialen Medien immer nur an Facebook und Xing zu denken. Die digitale Revolution bringt einfach ständig Neuerungen, die für die Immobiliensuche tauglich sind. Über die Flohmarkt-App Shpock werden etwa Nachmieter gesucht und auch freie Wohnungen geteilt. Die Anzahl der Angebote ist aber (zumindest derzeit) ausgesprochen überschaubar, sprich: völlig irrelevant. Schwer überblickbar ist hingegen, was und wie viele solcher Tools es gibt. Hier hilft, selbst regelmäßig im Fundus der Neuen Medien und App-Angebote zu kramen oder auch Beratung von Digitalexperten in Anspruch zu nehmen.

G. Big Data

Die nächsten Drei Kapitel gehören irgendwie zusammen. Ich will sie mit einer Formel verknüpfen, sie lautet:

BIM + Big Data (Internet of Things) + neue Visualisierungsmöglichkeiten = automatisierte Vermarktung

Man sollte nämlich die einzelnen Faktoren miteinander verknüpfen, um zu verstehen, dass Chris Leeb kein Spinner ist. Als Leeb bei einer Podiumsdiskussion über die Digitalisierung in der Immobilienbranche im Frühjahr 2015 seine Sicht der möglichen Immobilienvermarktung der Zukunft schilderte, rollten zahlreiche Anwesende ihre Augen. Podiumsgäste und Publikum, allesamt aus der Immobilienbranche, mussten den Typen mit langen Haaren und Bart wohl für einen durchgeknallten Freak halten, als er gelassen das Szenario skizzierte, in dem Immobilien sich selbst vermarkten. Sie kennen ihre eigene Historie, die Umgebung und können damit auch mit ihren Peers ihren Wert einschätzen. Sie würden sich automatisch bei den Menschen melden, die zu ihnen am besten passten. Es sei vorstellbar, dass sie selbst Reparaturaufträge vergeben und damit für ihre „Immobiliengesundheit" vorsorgten. Parallel zu einer Besichtigung vor Ort könnten virtuelle kommen – in Form von 3D-Flügen oder Hologrammen.

Wie kommt Leeb auf solche Ideen? Der gebürtige Oberösterreicher Chris H. Leeb ist Portfolio-Entrepreneur und CVO (Chief Visionary Officer) mehrerer Start-ups, CEO von Angelitos Inc. in Palo Alto, das Start-ups von Europa ins Silicon Valley katapultiert, Professional bei Warp-Innovation, das Unternehmen bei disruptiven Innovationen begleitet (und nebenbei Kontrabassist bei jazzflow und 4someswing). Davor war er unter anderem CIO bei der VA Tech.

Das Staunen im Publikum und die holprige Diskussion, in der zwei Welten aufeinanderprallten, bewegten mich unter anderem dazu, im Magazin Immobilienwirtschaft eine Covergeschichte über Innovation zu machen. Chris Leeb antwortete darin auf die Frage, wie er die österreichische Immobilienbranche einschätze, so:

„Aus meiner Sicht ist der Immobilienmarkt von der Struktur her sehr klassisch unterwegs. Wir sehen aber in allen Branchen, dass diejenigen, die keinen Wertbeitrag im Business leisten, vom Markt verschwinden. Wenn also zwischen Angebot und Nachfrage von Immobilien – egal, ob im Privatbereich oder im Businessbereich, egal, ob Kauf oder Miete – andere, bessere Lösungen etabliert werden, sind Makler unnötig. Der Immobilienmarkt könnte ähnlich wie Tinder oder andere Matching-Apps organisiert werden. All diejenigen, die intransparent, umständlich, teuer sind oder sogar falsche Informationen bereitstellen, werden vom Markt verschwinden. (…) Ich nenne das den Truthahneffekt: Dem Truthahn geht es immer gut, bis er am Thanksgiving Day geschlachtet wird. Dieses Ereignis ist aus Sicht des Truthahns überhaupt nicht vorhersehbar, im Gegenteil: Einen Tag vor seinem Tod geht es ihm besonders gut."

Einige Monate nach der Podiumsdiskussion wurde der Begriff Internet of Things (IoT) trendig, und über alles, was damit zu tun hatte, schrieben die Zeitungen. Plötzlich verstanden mehr und mehr Leute, wie das Szenario Leebs ernsthaft recht bald Realität sein könnte. Hier in unserer echten Welt!

Zum Beispiel fragte sich Alexander Redlein, Professor für Facility Mangement an der TU Wien, wie bzw. wer in Zukunft Gebäudedienstleistungen erbringen werde. Die Raumpflegerin oder der Reinigungsroboter? Science Fiction? Mitnichten, man denke an private Haushalte, die ihren automatischen Staubsauger beim Mediamarkt gekauft haben. An der TU Wien läuft gerade ein Forschungsprojekt über Roboter, die erkennen, wo es schmutzig ist und wo nicht. Weil es muss ja nicht jeden Dienstag geputzt werden, sondern nur dann, wenn der Dreck rumliegt. Erste Umsetzungen dieser Art gibt es im Übrigen schon in Schweizer Spitälern. Auch Rasenroboter sind in privaten Haushalten nicht unüblich. Bald werden diese Dinge, so glaubt Redlein, in den Bereich der gewerblichen Immobilien eindringen und die Facility-Service-Anbieter vor gravierende Probleme stellen. Die Nutzer brauchen dann nicht mehr die Dienstleistung, sondern die technische Wartung und Instandhaltung der Roboter und Co.

Diese „Dinge" wissen im Endeffekt weit mehr über unser Leben, den Energieverbrauch, die Umwelteinflüsse, den Lärm in einer Wohnung, über Raumklima, Temperatur und CO_2, darüber, wann wie viele Personen wo sind, und und und. Das Haus kennt sich selbst besser, als ein Makler es je kennen kann. Möglicherweise wird eine zukünftige Aufgabe des Maklers sein, die Daten richtig zu interpretieren und für den Abgeber aufzubereiten.

Ein weiteres Beispiel gefällig? qipp nennt sich ein Spin-off der Eidgenössischen Technischen Hochschule Zürich. Kurz gesagt hat es unter anderem eine App bzw. eine Softwareplattform entwickelt, die alle Akteure und somit auch die Interaktionen mit Mietern digitalisiert. Damit sollten nach den Ideen des Start-ups auch der von den Mietern wahrgenommene Wert ihrer Immobilien gesteigert und die Betriebskosten gesenkt werden. Völlig egal, ob das gelingt oder nicht, man denke kurz durch, was an Daten und Informationen zusammenkommt, wenn jene Bereiche serviciert werden, die qipp in einer Studie als interessant befunden hat:

- Wohnungsdokumentation (wie Abruf von Bauplänen, Gebrauchsanweisungen oder Infos zur Wohnumgebung)
- Komfort (z.B. Zugang zu professionellen Dienstleistungen für Reinigungsarbeiten etc., Einkauf und Lieferung von regionalen Produkten …)
- Nachhaltigkeit (Überwachung und Vergleich des eigenen Energieverbrauchs, Aufzeigen von Energieeinsparmöglichkeiten …)
- Problembehebung (Finden von Ersatzteilen für Haushaltsgeräte, Meldungen von Problemen an die Verwaltung, Tipps für Alltagsprobleme bei Geräten etc.)
- Nachbarschaft (Verkauf, Verleih oder Vermietung von Gegenständen in der Umgebung, Organisation von Freizeitaktivitäten, Tauschflohmärkte, gratis Hilfsdienste etc.)

H. Visualisierung und virtuelle Besichtigungen

Sind persönliche Besichtigungstermine tatsächlich durch die sogenannte virtuelle Realität (VR) zu ersetzen? Ist ein Chat gleich warmherzig wie ein Gespräch? Fragen wie diese stellen sich wahrscheinlich die meisten Immobilienmakler angesichts der technischen Entwicklung. Denn was man bisher aus dem Fernsehen in Form von Wetterberichterstattung oder von Flugsimulationen kannte, scheint nun eine ernst zu nehmende, weil zeitsparende Alternative zum persönlichen und zeitlichen Aufwand zu werden.

Fast im Monatstakt kommen neue Technologien zur Visualisierung und demnach auch zur virtuellen Besichtigung auf den Markt. Ja, logisch, wird man in die Wohnung real reinschauen wollen, sie riechen und sie „erfühlen". Davor aber werden jene aussortiert, die nicht passen. Erst mit den Fotos in Inseraten, dann mittels virtueller Besichtigungen. Das spart dem Makler unnötige Termine, allerdings wird er sich mit Technik, digitalen Exposés und Drohnen auseinandersetzen müssen. Die Fachzeitschrift Immobilien Profi widmete im Mai sogar eine ganze Abhandlung den fliegenden Objekten. Hier ein kurzer – sicherlich nicht vollständiger – Überblick, was es denn so gibt:

Was mittlerweile erprobt ist, sind 360-Grad-Ansichten von Räumen und (simulierte) Rundgänge via Video, wie man es zum Beispiel auch von Hotels kennt. Doch damit gibt man sich heutzutage nur mehr schwer zufrieden. Da muss es schon eine VR-Umgebung sein. Oder noch besser eine Mixed-Reality-Umgebung. Das US-amerikanische Marketingbüro Studio 216 beispielsweise hat für das Bauunternehmen Skanska USA das erste „Holographic Real Estate Sales Center" entworfen. Es zeigt den Interessenten die Nachbarschaft, die Räume und den Außenbereich einer Immobilien in Seattle in Form eines Hologramms. Zudem hat man durch den Einsatz der Microsoft HoloLens-Software und eines Headsets das Gefühl, als würde man tatsächlich durch die Objekte spazieren.

Aber auch in Österreich gibt es interessante Projekte, etwa jenes der Meixner Group. Mittels einer interaktiven Visualisierung sämtlicher Blickpunkte auf Orte, Städte und Gebäude und auf der Grundlage von Luftbildern und Laserscannings hat das Unternehmen einen 3D-Hologramm-Raum eingerichtet, den man „befliegen" und einzelne Gebäude bis ins letzte Eck unter die Lupe nehmen kann. Und das alles in Echtzeit.

Bereits allgemeine Marktreife haben Oculus Rift und die Gear-VR-Brille. Ersteres ist ein System, das den Trägern der Brille einen diagonalen Winkel von 110 Grad erlaubt. Üblich waren bis dahin 40 Grad. Eine noch bessere Auflösung hat die Gear-VR-Brille. Außerdem muss sie nicht über ein Kabel mit einem Computer verbunden sein, was sie sehr viel flexibler im Einsatz macht – gerade für Makler, die noch nicht realisierte oder im Rohbau befindliche Immobilien präsentieren wollen. Die 3D-Brille kann nämlich ganz bequem in einer kleinen Tasche zum Ort oder zu Kunden mitgenommen werden. Und dabei kann man dem Interessenten nun mehr als nur einen Hauch einer Ahnung geben und durch Musik oder Vogelgezwitscher das künftige Wohngefühl sinnlich simulieren. Vario-Haus beispielsweise arbeitet mit so einer VR-Brille und der Roomle-Software, um seine Grundrisse „begehbar“ zu machen.

Im Kellergeschoss der Blauen Lagune Vösendorf steht eine Hightech-Höhle, die Immobilien in einer neuen Dimension erfahrbar macht. Man betritt einen würfelartigen Raum, umgeben von HD-Leinwänden (selbst der Boden ist Projektionsfläche), setzt eine Brille auf und staunt nicht schlecht, wenn man plötzlich mitten in einem eingerichteten Haus steht. Lebensgroß, interaktiv und dreidimensional. Eigentlich 4D, denn mittels einer Steuerkonsole bewegt man sich wie in einem Computerspiel in und um das Objekt herum, schlendert Richtung Wohnzimmer, durch die Wand auf die Terrasse, rast die Stiegen hinauf – und bekommt zum ersten Mal ein richtiges Raumgefühl. Dass das Meeresrauschen lauter wird, je näher man Richtung Küste steuert oder dass man einfach 20 Meter auf den Boden fällt, wenn man das Balkongeländer „überklettert“ sind Gimmicks, der Bonus-Track sozusagen.

Wer nicht gerade einen ganzen Keller zur Besichtigung bespielen will und den Kunden zu Hause bedienen möchte, der muss auf die Mobilität und das „Responsive Design“ achten. Darunter versteht man das Anpassen eines Webangebots auf das jeweilige Endgerät.

Eine weitere Möglichkeit für die Realitätensuche, die auf dem Markt ist, ist das 3D-Video. Dabei fliegt die Kamera durch die Immobilie und zeigt deren Innen- und Außenleben. Die Animation von visupartner beispielsweise setzt sich aus 25 gerenderten Einzelbildern pro Sekunde zusammen. Weitere Anbieter sind deepinterface und ogulo – bei Letzterem kann man die Präsentation online selbst gestalten. Zudem haben sich diverse Agenturen (siehe Studio 216) auf 3D-Darstellungen spezialisiert. Auch Drohnen werden inzwischen für solche Kameraflüge eingesetzt. Begehungen.de setzt solche ein, um „echte“ Fensterausblicke zu fotografieren und diese in die Visualisierungen hineinzumontieren. Für noch nicht realisierte Gebäude verwendet das Berliner Unternehmen 3D-Tracking. Auch hier kommen Drohnen zum Einsatz, um das geplante Objekt in eine reale Umgebung einzubetten.

Ideal kombiniert wird das technische Chichi mit Home Staging oder besser gesagt: Virtual Staging. Die Anbieter sind ebenso mannigfaltig wie die restlichen simplen Visualisierungsfirmen. Wen's interessiert: einfach den Begriff googeln. Einen besonderen Clou hat übrigens das brasilianische Unternehmen Artplan gelandet. Es implementiert anhand von Facebook-Daten Persönliches in die virtuellen Besichtigungen. Plötzlich erscheinen da dann vertraute Bekannte und Ort in den Bilderrahmen der Wohnung. Wohl eine Idee ausschließlich für jene, die weniger Angst vor Datenschutz haben.

I. BIM

Building Information Modeling – kurz BIM – bedeutet vor allem für das erste Drittel der Immobilienwertschöpfungskette eine Revolution. Erstmals greifen alle an der Planung, am Bau, an der Vermarktung und an der Verwaltung Beteiligten auf die gleichen digitalen Daten zu (z.B. Flächenangaben, aber auch Materialen etc.). Auch für den Vermarktungsprozess stehen diese Daten zur Verfügung – wenn sich jemand darum kümmert, kann er daraus intelligente Geschäftsmodelle basteln. Sie bilden auch für viele der zuvor beschriebenen Visualisierungstools die Datenbasis. Heute schon, wohlgemerkt. Es macht daher Sinn, sich kurz den Hintergrund von BIM verständlich zu machen, ihn erklärt Gisela Gary, Chefredakteurin von „SO! Planen Bauen Leben" wie folgt:

„Im Gegensatz zur herkömmlichen CAD-Planungsmethodik ermöglicht die Building-Information-Modeling-Arbeitsweise, BIM, ein datenbankbasiertes, interdisziplinäres Arbeiten, bei dem alle Gebäudeinformationen in einem parametrischen 3D-Modell miteinander verknüpft werden und jederzeit von diesem abgerufen werden können. BIM ist ein Prinzip, eine Arbeitsmethodik – eine Denkweise. Durch dieses neue Arbeitsmittel ist ein umfassendes interdisziplinäres Arbeiten möglich. Wesentlich für die erfolgreiche Implementierung von BIM im interdisziplinären Kontext ist ein umfassendes Datenmanagement: Es umfasst den Aufbau und die Verwaltung einer zentralen CAD-Planungsmethodik, die Einrichtung und Pflege projektspezifischer, interdisziplinärer Datenstrukturen und die Konfiguration und Weiterentwicklung der gegebenen Datenschnittstellen zwischen sämtlichen intern und extern verwendeten Softwares.

BIM basiert auf einem intelligenten digitalen Gebäudemodell, das es allen Projektbeteiligten – vom Architekten, dem Bauherrn über den Haustechniker, den Facility Manager und letztlich bis zum Immobilienmakler – ermöglicht, gemeinsam an diesem integralen Modell zu arbeiten. Änderungen können unmittelbar in der Projektdatei durchgeführt werden, analysiert, neu berechnet und sofort ist der neue Flächenbedarf ablesbar.

Aber auch Jahre nach der Realisierung des mit BIM bearbeiteten Projekts sind Daten mühelos abrufbar – und bei Bedarf mit neuen Paramatern verknüpfbar. Die Vorteile sind Effizienz, Kostenersparnis, Schnittstellenproblematikminimierung und Unabhängigkeit. Denn wer auch immer an einem Gebäude weitere Daten ergänzen möchte, kann dies – völlig unabhängig vom Architekten oder dem ausführenden Unternehmen – tun.

Die Basis sind Daten wie Grundrisse, Schnitte, Ansichten, Massenermittlung, Tür- und Fensterlisten etc.

Planen und Bauen wird digital, davon ist die Bauwirtschaft überzeugt. Der sozusagen neueste Schrei wird die digitale Baueinreichung sein. Die skandinavischen oder auch asiatischen Länder sind hier längst Vorreiter. Alle öffentlichen Aufträge müssen in diesen Ländern mittlerweile als BIM-Projekte geplant und auch als IFC-Datei abgegeben werden. Die Zeitersparnis ist enorm. In Singapur dauert ein Bauverfahren beispielsweise im Schnitt 26 Tage – in Österreich 192 Tage.“

Die Formel, die ich am Anfang des Kapitels Big Data formuliert habe, lautete: BIM + Big Data (Internet of Things) + neue Visualisierungsmöglichkeiten = automatisierte Vermarktung. Wer nun die einzelnen Bausteine zusammenfügt, kann sich zumindest vorstellen, dass Chris Leeb nicht als völliger Fantast abzustempeln ist, sondern dass das sich selbst makelnde Haus durchaus, und zwar in gar nicht allzu langer Zeit, möglich ist.

III. Die Helden von morgen: Neue Geschäftsmodelle und Auswege aus dem Provisionsdilemma

Los!
Wir wolln 'ne Revolution oder 'ne schnelle Million
im Moment fehlt die Vision, doch irgendwas findet sich schon
Und los!
dann wird Geschichte geschrieben oder mal richtig verdient
immer noch fehlt die Vision, doch irgendwas findet sich schon
Und los!
Irgendwas ist da und irgendwann finden wir's,
denn es ist Schicksal und wir sind bestimmt dafür,
bringen euch Glück aus dem Reich der Ideen,
kommen als Helden zurück, schon von weitem zu sehen ...
Fanta 4

A. Alternative Provisionsmodelle

Jetzt geht's ans Eingemachte. Die heilige Kuh. Tabubruch. Es geht um die Provisionen. Ja darf man denn das? Nein, man muss es! Die derzeitige Honorarordnung verhindert, dass Makler zukunftsträchtige Geschäftsmodelle entwickeln bzw. schon leben. Man muss über Alternativen der Maklerentlohnung nachdenken, damit man großflächig faire Verhältnisse und ordentliche Einkommensmöglichkeiten in Zeiten der Digitalisierung und Co schafft. Im Rahmen der legalen Möglichkeiten haben sich die ersten Vorreiter schon vom traditionellen System wegbewegt und ihre Provisionslogik geändert – mit Erfolg. Wenn ein breites Maklersterben verhindert werden soll, müssen sich die Honorarrichtlinien an die veränderten Rahmenbedingungen anpassen.

Für Christian Hrdliczka besteht kein Zweifel: „Ich, respektive der SWV Immobilien denkt, dass es in den nächsten Jahren zu einer Veränderung der Modelle kommen wird, kommen muss. Die erhöhte Markttransparenz wird einen kompetenten und serviceorientierten Profi fordern und dieser wird sich um nur eine Seite vernünftig kümmern können. Einseitige Provisionsmodelle werden sich etablieren und sind ja heute schon testweise von einigen Kanzleien im Einsatz – übrigens mit Erfolg."

Eine kurze Analyse: Die Vermittlung einer Mietwohnung ist ein vollkommen anderer Beratungsprozess als der Kauf einer Villa. In Ersterem kann es bei der derzeitigen und auch bei der zu erwartenden Marktlage in Ballungsgebieten keine Vertretung der Interessen des Abnehmers durch den Makler geben, das ist in diesem Buch schon mehrfach aufgezeigt worden und es geht sich auch kostentechnisch nur schwer aus. Darüber hinaus ist der Miet-Geschäftsfall auch nicht so komplex wie bei einem Haus mit Grundstück. Beide Fälle werden aber nach derselben Logik abgerechnet.

Es ist darüber hinaus irgendwie nicht verständlich, warum mit der Höhe des Wertes eines Objektes das Honorar für den Berater steigt. Leistet der Makler bei der Wohnung um 850.000 Euro weniger als bei jener um 1.200.000 Euro? In Wahrheit lautet die Frage: Wie vertritt er den Käufer überhaupt? Denn die Provision – so zeigt es die Praxis im Ballungsgebiet – kommt vom Käufer, der Verkäufer sonnt sich und weiß um die Notwendigkeit des Maklers, zu Objekten zu kommen.

Die Ursache vieler Missverständnisse, die dann ein schlechtes Bild des Maklers in der Öffentlichkeit erzeugen, liegt im Provisionssystem, das sich ausschließlich am Abschluss orientiert. „Wir müssen darüber nachdenken, ob dieses System nach heutigem Stand für die Vermittlung von Mietwohnungen noch zeitgemäß ist", meint Andreas G. Gressenbauer, Vizepräsident Immobilienring IR und selbst Makler. „Wir haben dazu bereits vor Jahren eine Arbeitsgruppe mit Personen aus Politik, Interessenvertretungen und Unternehmen vorgeschlagen, leider hat sich bis heute dazu nichts bewegt."

Welche grundsätzlich anderen Ideen, bei denen alle Beteiligten zufrieden sind oder – ja vielleicht – besser aussteigen, gibt es denn? Es ist höchst an der Zeit, gemeinsam darüber nachzudenken und all jene, die gleich aufschreien und „Aber das ist doch gesetzlich gar nicht möglich!" ins Treffen führen, seien an Darwin erinnert: „Es ist nicht die stärkste Spezie, die überlebt, auch nicht die intelligenteste, es ist diejenige, die sich am ehesten dem Wandel anpassen kann." Die folgenden Modelle sollen also Impulse für weitere Ideenentwicklungen sein.

1. Modulartiges Tarifsystem

Der Immobilienring brachte schon einmal folgenden Vorschlag für die Vermittlung von Mietwohnungen: Bis zu einer definierten Monatsmiete könnte ein Tarifsystem eingeführt werden – so wie bei Rechtsanwälten, Steuerberatern, Ärzten oder anderen Berufen auch. Klare, nachvollziehbare Kosten, je nachdem, was gewünscht wird, egal, ob am Ende ein Vertrag zur Miete zustande kommt oder nicht. Wie auf einer Speisekarte kann sich der Kunde aussuchen, was er gerne hätte. Diese Einzelleistungen können dann nach Stunden oder – wohl moderner – nach Zielerreichung/Leistung bezahlt werden. (Nachteil aller Systeme, die sich nicht allein über den Abschluss einer Transaktion oder einer Leistung selbst definieren, sondern über die Zeit, ist die Gefahr der „ewigen Beratung", die dem Prinzip, je mehr Beratungsstunden, desto mehr Honorar, folgen.) Rechtliche Beratung kann genauso wie Marketingleistungen für das Objekt nach dem Tarif verrechnet werden, Besichtigungen können bepreist werden (etwa auch gestaffelt). Erste Unternehmen wie on-Geo bieten ja auch schon in Österreich an, Besichtigungen auszulagern (derzeit allerdings nur für Geschäftskunden wie z.B. Banken, um ihre Bewertungsabteilungen zu entlasten).

„Das wäre sicher am fairsten“, meint Immo-Contract-Chef Karl Fichtinger. Und auch Eugen Otto, Geschäftsführender Gesellschafter der Otto Immobilien Gruppe, meint: „Das kann ich mir ganz gut vorstellen, da die Leistung der Makler künftig immer mehr eine Beratungs- als eine Vermittlungsfunktion haben wird. Hier sollten die einzelnen Leistungen eine bestimmte Bandbreite an Honoraren zulassen. Der Vorteil ist, dass der Makler sein gesamtes Know-how bereits bei der Vorbereitung der Vermarktung einbringen kann und dafür auch honoriert wird. Der Bestandteil der Vermittlung ist dann vollkommen separat zu sehen und kann teilweise auch stark von digitalen Möglichkeiten durchgeführt werden.“

Wie bei anderen Berufsgruppen auch, wäre es weiters vorstellbar, dass ein Erstgespräch, eine Erstleistung und die Erstellung eines Kurzexposés kostenlos sind. (Schließlich wird der Kunde bald wissen, dass er das im Internet in fünf Minuten auch selbst erstellen kann). Leistungen können auch gebündelt als Pakete angeboten werden, eine Variante, wie sie etwa in Deutschland nach Einführung des Bestellerprinzips von einigen Unternehmen sehr erfolgreich gefahren wird.

Paketpreisgestaltung - Beispiel

Leistungen	Premium	Comfort	Basic
Mietpreiseinschätzung	●	●	●
Zielgruppenanalyse und Auswahl	●	●	●
Abnahme der Wohnung vom Vormieter inkl. digitales Übernahmeprotokoll	●	○	○
Erstellung eines 10-Jahre gültigen Energieausweises	●	○	○
Erstellung professioneller Vermietungsfotos inkl. digitaler Nachbearbeitung	●	●	●
Bestimmung der Wohnfläche (Aufmaß) inkl. Grundriss-Service	●	○	○
Akteneinsicht in ?auamt zur Beschaffung fehlender Unterlagen	●	○	○
Erstellung eines professionellen Print- und Online-Exposés	●	●	●
Aussagekräftige und professionelle Insertion und Objektwerbung „DEUSSEN-Immobilien.de"	●	●	●
Aussagekräftige und professionelle Insertion und Objektwerbung „Immobilienscout24.de"	●	●	●
Aussagekräftige und professionelle Insertion und Objektwerbung „Immowelt.de"	●	○	○
Aussagekräftige und professionelle Insertion und Objektwerbung „Kalaydo.de"	●	●	●
Ansprechende Objektpräsentation in unserem Showroom Bahnstr. 16	●	●	○
Durchführung von Besichtigungsterminen Mo.-Fr.	●	●	●
Durchführung von Besichtigungsterminen Sa. und So. sowie an Feiertagen	●	●	○
Regelmäßiges Vertriebs-Reporting	●	●	●
Bei Bedarf Open-House Reporting	●	○	○
Mieter-Bonitätsprüfung über eigenen SCHUFA-Online Zugang	●	●	●
Mietvertragsverhandlung	●	●	○
Ausfertigung rechtssicherer Mietverträge nach neuestem Stand	●	●	○
Wohnungsübergabe mit digitalem und bebildertem Übergabeprotokoll	●	●	○
An- und Abmeldung des Mieters bzw. Vermieters bei Energieversorgern	●	○	○
DEUSSEN Immobilien PLUS Garantie	●	○	○
Kosten (inkl. der gesetzlichen MwSt.)	2,25	1,75 Monatsmieten	€ 890 pauschal

Beispiel Paketpreise und -leistungen für Vermietung; Quelle: Deussen Immobilien.

Der Riese scheitert

Spannend ist in diesem Zusammenhang, dass im März 2016 das marktdominante Unternehmen ImmobilienScout24 mit genau diesem Konzept scheiterte. In Deutschland bot Scout nach der Einführung des Bestellerprinzips einen „Komplett-Service für Vermieter“ an, sprich: Vermarktungsunterlagen erstellen, Fotos machen, Pläne zeichnen, etc. –, am Ende wird das Inserat dann auch auf der eigenen Plattform publiziert. Für die Marketingdienstleistung verlangte Scout bis zu knapp 500 Euro.

Nach einjähriger „Testphase“, wie es im Wording des börsennotierten Unternehmens heißt, stellte Scout das Service wieder ein. Als offizieller Grund wird angeführt, die Abgeber würden die Objekte entweder selbst vermarkten oder einen professionellen Makler zuziehen. Wenn Sie, liebe Leser, jetzt nicht verstanden haben, warum das eine Begründung sein sollte – keine Sorge, wirklich nachvollziehbar ist das nämlich nicht.

Jedenfalls ist auffällig, dass ImmobilienScout24 bei dieser Idee eine Vielzahl von kleinen, wendigen Start-ups, wie sie bereits beschrieben wurden, zur Konkurrenz hat(te).

Tendenz: Zerstückelung

Was jetzt schon erkannt werden kann, ist eine Aufdröselung der einzelnen Funktionen des Immobilienmaklers. Die eine wird von Start-ups attackiert, die andere von Spezialisten, die ausgelagerte Services (z.B. zur Besichtigung anbieten). Da macht die Bepreisung der einzelnen Services durchaus Sinn, abgesehen davon konfrontieren sich Makler selbst damit, nachzurechnen, was sie wie viel kostet – das ist die Basis für Verbesserungen (oder auch dafür, manche Services wegzulassen). In Deutschland bietet rund die Hälfte der Makler nach der Einführung des Bestellerprinzips dem Eigentümer bzw. Vermieter eine Paketlösung an, für die sie je nach Leistungsumfang ein entsprechendes Entgelt erhalten. Bei Pakten werden von Kunden leichte Services mitgekauft, die sie sonst nicht bezahlen würden.

2. Rechtlicher Hintergrund (Bernadette Zelger)

Die Umsetzung eines Tarifsystems für Maklerverträge nach dem MaklerG bedürfte einer Änderung des MaklerG.

Warum?

Der Geltungsbereich der Bestimmungen des MaklerG erstreckt sich auf all jene Personen, die aufgrund einer privatrechtlichen Vereinbarung mit einem Auftraggeber (Maklervertrag) diesem Geschäfte mit einem Dritten vermitteln, ohne damit jedoch ständig betraut zu sein.[18]

Für die Umsetzung eines wie oben dargestellten Tarifsystems für Maklerverträge nach dem MaklerG wären grundlegende Änderungen des MaklerG, insbesondere hinsichtlich des darin statuierten Erfolgsprinzips erforderlich. Wird nämlich eine tätigkeitsbezogene Entlohnung vereinbart, ist der Vertrag nicht als Maklervertrag zu qualifizieren[19], sondern müsste der Vertrag dann nach den allgemeinen Regeln des Auftrags[20] beurteilt werden.[21] Die Bestimmungen des MaklerG sind auf eine derartige Vereinbarung nicht anwendbar.

Bedeutung für die Praxis?

Die Vereinbarung einer tätigkeitsbezogenen Entlohnung widerspricht der Natur des Maklervertrages im Sinn des MaklerG. Nach den aktuellen Bestimmungen des MaklerG besteht jedoch unter bestimmten Voraussetzungen

(i) die Möglichkeit der Vereinbarung eines Aufwandersatzes für Aufwände des Maklers im Zusammenhang mit zusätzlichen Aufträgen[22] sowie zudem

(ii) die Möglichkeit der Vereinbarung eines bestimmten Betrages als Entschädigung oder Ersatz für Aufwendungen und Mühewaltung bei fehlendem Vermittlungserfolg[23].

---

[18] § 1 MaklerG. Eine Ausnahme vom Tatbestandsmerkmal der nicht ständigen Betreuung besteht laut § 16 Abs. 2 MaklerG jedoch für Immobilienmakler, weshalb die ständige Betreuung eines Auftraggebers durch den Immobilienmakler die Anwendbarkeit der Bestimmungen des MaklerG nicht ausschließt.

[19] RdW 2010/726 S 721 – RdW 2010,721 = wobl 2011,145/70 (*Kothbauer*) – wobl 2011/70 (*Kothbauer*) = MietSlg 62.510; vgl auch *Gartner/Karandi*, Kurzkommentar Maklergesetz[2], § 1 Rz 6.

[20] §§ 1002 ff. ABGB.

[21] *Noss*, Maklerrecht[4], Rz 9.

[22] § 9 MaklerG.

[23] § 15 MaklerG.

Ersatz von zusätzlichen Aufwendungen und Provisionsvereinbarungen bei fehlendem Vermittlungserfolg

Wie bereits ausgeführt hat der Makler grundsätzlich keinen Anspruch auf Ersatz für die durch seinen Geschäftsbetrieb entstandenen allgemeinen Kosten und Auslagen. Dies gilt, aufgrund ausdrücklicher gesetzlicher Anordnung[24], auch bei Nichtzustandekommen des angestrebten Geschäfts. Kosten, die mit dem normalen Geschäftsbetrieb des Maklers in Zusammenhang stehen, sind daher nicht ersatzfähig, da die Entlohnung des Maklers eine rein erfolgsspezifische ist und alle Aufwendungen des Maklers durch die Provision mitabgegolten sind.[25]

Gemäß § 9 MaklerG können Aufwendungen aufgrund von zusätzlichen Aufträgen vom Makler jedoch verlangt werden, wenn eine diesbezügliche Ersatzpflicht ausdrücklich vereinbart wurde. Im Verbrauchergeschäft hat eine derartige Vereinbarung schriftlich zu erfolgen und besteht – eine derartige Vereinbarung vorausgesetzt – der Anspruch auf Ersatz für zusätzliche Aufträge auch dann, wenn der Provisionsanspruch aufgrund Erfolglosigkeit des Maklers entfällt, daher unabhängig vom Erfolg bzw. Abschluss des angebahnten Geschäftes.[26]

Unter zusätzlichen Aufträgen sind in diesem Zusammenhang Leistungen des Maklers zu verstehen, die der Makler im Rahmen seiner gewöhnlichen Vermittlungstätigkeit erbringt, jedoch über gesonderten Auftrag, der üblicherweise nicht vom normalen Aufwand des Maklers gedeckt ist (zB Werbemaßnahmen oder aufwändige oder kostenintensive Inserate).[27]

Zudem ist nach der Bestimmung des § 15 MaklerG die Vereinbarung einer Entschädigung oder des Ersatzes für Aufwendungen und Mühewaltung bei fehlendem Ermittlungserfolg unter den dort angeführten Voraussetzungen möglich.

---

24 § 9 2. Satz MaklerG.

25 *Gartner/Karandi*, Kurzkommentar Maklergesetz², § 9 Rz 1 und 2 mwN.

26 § 9 MaklerG.

27 *Gartner/Karandi*, Kurzkommentar Maklergesetz², § 9 Rz 4 mwN.

3. Honorar über Betriebskosten

Eine spannende Idee, die in der Versicherungswirtschaft schon lange funktioniert: Der Versicherungsvermittler erhält sein Entgelt nicht direkt vom Kunden, der die Polizze zeichnet, sondern von dem Versicherungsunternehmen (entspricht also dem Abgeber). Das Unternehmen holt sich dieses Geld über die Prämie vom Kunden (entspricht Abnehmer). Offiziell ist das also ein Abgebermodell, in Wahrheit aber ein System, in dem der Abnehmer den Makler bezahlt.

Für die Immobilienwirtschaft übersetzt könnte das heißen, dass die Kosten der Vermittlung in der Miete in die Betriebskosten hineingerechnet werden. „Dieses System würde vor allem serviceorientierte Makler bevorzugen", analysiert Georg Spiegelfeld, Präsident des Immobilienrings und selbst Makler. Ja, die Art der Abrechnung ist schwierig und die Hausverwalter werden bei diesem Vorschlag gleich einmal hüpfen. Zwei wesentliche Vorteile gibt es dennoch: Erstens hat der Kunde nicht das negative Gefühl, den Makler sofort und komplett zahlen zu müssen. Im Prinzip ähnelt diese Situation jener sehr, in der die Bauträger keine direkte Provision verlangen, die Vermarktungskosten aber natürlich mit einrechnen, die Kunden aber dennoch glücklich sind, weil sie denken, sie hätten die Maklerkosten vermieden. Wenn überhaupt wird die Zahllast auf die Zeit verteilt. Wie lange gezahlt wird und ob die Provision gedeckelt ist, kann diskutiert werden bzw. muss zwischen Makler und Abgeber verhandelt werden. Wie bei Versicherungen würde es höchstwahrscheinlich auch zu größeren Abnahmekontingenten und somit zu rabattierten Konditionen kommen. Zweiter Vorteil: die Nachhaltigkeit, an der der Makler interessiert sein müsste. Der Makler würde nämlich auch nach einem Abschluss weiter am Kunden interessiert sein und sich um dessen Zufriedenheit (= Aufrechterhaltung der laufenden Provisionszahlungen) kümmern. Falls der Vertrag ausläuft oder aufgelöst wird, könnte der Makler informiert werden – und hätte die Chance, sich auch um das Neugeschäft zu bemühen. Andererseits bekommt der Vermittler natürlich die im Mietgeschäft ohnehin relativ geringe Provision Schritt für Schritt – was allen, die die Geschäftsplanung und das Liquiditätsmanagement verantworten, nicht zu Freudensprüngen verleiten würde.

Ob das Modell praxistauglich ist, darüber scheiden sich die Geister der führenden Makler in Österreich. Jedenfalls wäre hiervon logischerweise nur der Mietbereich betroffen. Einen Haufen Bürokratie bringt diese Lösung jedenfalls mit sich, im britischen Raum kommt das Modell zur Anwendung, dort sind Makler aber oft auch Verwalter des Objekts.

Allderdings muss man gar nicht unbedingt in die Betriebskosten reingreifen, um die Nachhaltigkeit der Vermittlung zu fördern:

BEISPIEL

Kommt in Großbritannien so ein Mietvertrag zustande, wird zum Beispiel eine halbe Monatsmiete gleich fällig, der Rest wird mittels Raten bezahlt. So reißt die Provision zumindest kein momentanes Liquiditätsloch für den Zahlenden auf. Der Gesamtbetrag kann entweder zum Beispiel mit insgesamt zehn Prozent der ersten Jahresmiete gedeckelt sein oder so lange laufen, wie eben gemietet wird. Da hat der Makler etwas davon, wenn er die richtigen Leute zusammenbringt.

4. Nur der Abgeber

Sag niemals nie: Was für James Bond gilt, trifft auch auf Makler zu. Ich höre die vielen kritischen Stimmen noch genau, die bei den vielen Diskussionen über alternative Zahlungsmodelle für Makler die Variante, bei der nur der Abgeber zahlt, für theoretisch sinnvoll hielten. Aber umsetzen – das geht doch nie …

Stimmt nicht. Mehrere Büros haben bewiesen, dass dieser Weg der Innenprovision machbar ist. Freiwillig, ohne Gesetz. Es braucht Beharrlichkeit, gute Argumente und Glaubwürdigkeit.

Als Franchiser ist etwa RE/MAX stark von der Idee überzeugt und versucht seine Mitglieder in diese Richtung zu bewegen. Richard Fetscher, Broker Owner von sechs RE/MAX-Büros, ist ehrlich und weiß, dass es in der Praxis schwierig ist, sechs Prozent Provision zu erhalten. Er überzeugt die Abgeber, die Provision zu zahlen. So kommt er im Schnitt auf fünf Prozent Provision, was laut Fetscher meist mehr ist, als wenn er von beiden (oder in gängiger Praxis nur von der Abnehmer-)Seite bezahlt wird. Mutige Entscheidungen werden immer belohnt, heißt es.

Rechtlich gesehen kann jeder Makler das Prinzip nach Belieben einführen, so Bernadette Zelger: „Dass die Provisionen am Markt für Mietwohnungen in der Regel vom Mieter bezahlt werden, ist in Österreich gelebte Praxis und ist auch mit den gesetzlichen Bestimmungen vereinbar. Ebenso vereinbar mit den bestehenden Gesetzen ist aber auch die Vereinbarung der gänzlichen Übernahme der Provisionszahlungspflicht durch den Abgeber (in der Regel Auftraggeber des Maklers) der Immobilie."

Ähnlich, wie Käufer bei Bauträgern eine niedrige Preissensibilität haben, ist die Innenprovision leichter durchsetzbar, wenn sie in den dem Abgeber vorgeschlagenen Verkaufspreis mit eingerechnet ist – das erleichtert zumindest die Argumentation deutlich. Beim Kauf eines Autos oder eines Fernsehers fragt auch keiner nach der Provision des Verkäufers oder des Zwischenhändlers. Was zählt, ist der Endpreis. Ein weiteres Argument, neben den hochwertigen Leistungen, die der Makler natürlich dem Abgeber bieten muss, ist, dass ein Käufer, dem keine Maklerkosten entstehen, eher einen höheren Kaufpreis bezahlen kann (psychologische Komponente) bzw. eine bessere Finanzierung bekommt. Fällt keine Courtage für den Käufer an, lässt sich das Objekt schneller vermarkten.

Büros, die es heute bereits schaffen, in nachgefragten Immobilienmärkten Innenprovisionen durchzusetzen, sind jedenfalls schon zukunftsfit und können der Veränderung gelassener entgegenblicken. Ein einflussreicher Branchenvertreter, der namentlich nicht genannt werden will, ist sich sicher: „Es besteht kein Zweifel daran, Makler werden sich darauf einstellen müssen, dass sie nicht mehr die Höhe der derzeit gewohnten Provisionen, die von beiden Seiten kommen können, erhalten werden." Makler, die dem Auftraggeber heute die Provision erlassen mit dem Argument, sich die Courtage vom Kunden zu holen, werden es bei einer möglichen gesetzlichen Umstellung etwa auf eine Abgeberprovision sehr schwer haben, da sie bereits einen entsprechenden Ruf haben und ihnen die nötige Erfahrung in der Argumentation fehlt, warum nun der Angeber zahlen soll und was seine Vorteile sind.

5. Abnehmer

Machen wir uns nichts vor – derzeit muss in urbanen Räumen bis auf wenige Ausnahmen ausschließlich der Mieter für die Provision aufkommen. Zahlreiche Makler ergänzen, dass das nicht nur bei Mietwohnungen, sondern auch bei Käufen der Fall ist (eingeschränkt auf Ostösterreich) und dass die Mehrheit der Makler noch immer versuchen, diese Tatsache in der Öffentlichkeit anders darzustellen.

Eine gesetzliche Verpflichtung, durch die der Abnehmer die Provision ganz übernehmen müsste, ist derzeit von allen Ideen am weitesten von der Realität entfernt. Wenn, dann müsste der Suchende freiwillig zahlen: Das ginge theoretisch über das Bestellerprinzip (praktisch kaum), über einen exklusiven Suchauftrag und über ein MLS, bei dem der Abgeber und Abnehmer unterschiedliche Makler beauftragen und jeder „seinen" Makler zahlt. Die Aufhebung der Doppelvertretung in Österreich könnte ebenfalls zu einer höheren Zahlungsbereitschaft auf der Abnehmerseite führen.

Im bereits beschriebenen urbanen Verkäufermarkt zahlt sich möglicherweise sogar ein eigenes Geschäftsmodell aus: der Suchmakler. Hoher Durchsatz, hoher Umsatz, geringer Deckungsbeitrag, aber dank niedriger Produktionskosten (weil digitale und skalierbare Methoden verwendet werden) durchaus ein gangbarerer Weg. Sobald der Kunde (=Abnehmer) sich serviciert fühlt und sobald er einen Nutzen in der Maklerleistung findet, wird er Geld dafür locker machen. Achtung: Zu oft wird der echte Kundennutzen verwechselt mit dem, was der Makler glaubt, leisten zu wollen.

BEISPIEL

Volker Heinecke in Deutschland hat sich als Suchmakler positioniert und rechnet auf Stundenbasis (65 Euro netto) ab. Seine Argumente: Der Kunde bekommt nur Angebote, die wirklich gesucht werden (und nicht in der eigenen Datenbank sind), Kaufberatung, Herstellung des Kontakts mit Eigentümern, klare Adressen, Objekte, die wirklich den Kundenwünschen entsprechen und eine professionelle Präsentation des Interessenten beim Abgeber. Durch die stundenweise Bezahlung hat der Makler das Kosten-Nutzen-Gefüge im Griff, und er geht wenig Risiko ein, denn es ist egal, ob am Ende tatsächlich gekauft/gemietet wird oder nicht. Heinecke ist übrigens nicht allein. 14 Prozent der Makler in Deutschland wollen sich als Reaktion auf das sich verändernde Umfeld verstärkt auf die Mieter konzentrieren, so das Ergebnis einer Umfrage von Immowelt. (www.such-makler.com)

Beim Modell Suchmakler kommen Büros sogar ganz ohne eigene Objekte aus. Wenn es einen Suchauftrag gibt, werden alle Netzwerke aktiviert – Hausverwaltungen, Stiftungen, Bauträger, Wohnungsunternehmen. Auch die Kaltakquise bei Privaten ist in dem Fall erlaubt, weil der Makler für einen Kunden und nicht für sich selbst sucht. Mehr darüber im Kapitel „Suchmakler".

6. Besteller

„Es ist zu erwarten, dass das Bestellerprinzip in den nächsten Jahren auch nach Österreich kommt. Von der Politik ist es erwünscht, den Konsumenten zu entlasten. Wir stehen diesem aus unserer Sicht vernünftigen Modell offen gegenüber und erwarten mittelfristig auch keine wirtschaftlichen Nachteile dadurch", gibt sich EHL-Chef Michael Ehlmaier zuversichtlich.

Wer den Makler beauftragt, der soll ihn auch bezahlen. So lautet das Bestellerprinzip kurz zusammengefasst. In Deutschland wurde es trotz des Widerstandes der Immobilienwirtschaft und vieler Interessenvertreter 2015 umgesetzt – vorerst gilt es für Mietwohungen, möglicherweise schon bald auch für den Kauf von Immobilien.

Wie genau das Bestellerprinzip den Maklermarkt in Deutschland durcheinandergewirbelt hat und was man daraus bis jetzt lernen konnte, sollte es in Österreich auch eingeführt werden, wird in einem eigenen Kapitel dargestellt – übersichtlich und durchaus umfangreich, denn die Chance, dass Österreich wieder einmal (besser) nachmacht, was Deutschland erprobt, ist sehr realistisch. Der Druck nach Veränderung steigt, die Politik sucht Bauernopfer. Die SPÖ spricht sich wie die FPÖ, die Grünen und NEOS für ein Bestellerprinzip aus, wobei die Sozialdemokraten anmerken, dass eine direkte Übernahme des deutschen Modells zu analysieren wäre, um „eventuelle Schwachstellen" zu verhindern. Julian Schmid, Nationalratsabgeordneter der Grünen, ist ebenso optimistisch: „Die ersten Erfahrungen damit sind durchaus ermutigend, obwohl teilweise mit Entschädigungsgebühren, ungerechtfertigten Bearbeitungsgebühren oder Beauftragungsverträgen versucht wird, mögliche MieterInnen zur Kasse zu bitten, obwohl faktisch keine Beauftragung erfolgte. Es ist zu erwarten, dass mögliche Umgehungskonstruktionen Gegenstand der BGH-Judikatur werden und insofern in Zukunft auch mit einer entsprechenden Rechtssicherheit zu rechnen ist. Über die grundsätzliche verfassungsrechtliche Zulässigkeit des Bestellerprinzips hat sich ja das deutsche Bundesverfassungsgericht bereits positiv geäußert. Ich bin der Meinung, dass eine entsprechende Regelung auch für Österreich erstrebenswert wäre."

Auch die FPÖ kann sich das Bestellerprinzip in Österreich gut vorstellen. Der Wiener Gemeinderat und Bautensprecher der FPÖ, Alexander Paul Pawkowicz, meint: „Ich halte das Bestellerprinzip, wie es das ja für jede andere Dienstleistung in jedem anderen Marktsegment auch gibt, für das beste Vertragsmodell. Wer eine Leistung erwartet, soll dafür auch aufkommen. Ein Bestellerprinzip sagt aber nur aus, wer zahlt. Es steht der Frage des Abrechnungsmodus, also etwa Provision versus Tarifvertrag, nicht entgegen."

Umzusetzen wäre so ein System recht schnell, wie Bernadette Zelger meint: „Einer Umsetzung des Bestellerprinzips ähnlich wie in Deutschland steht unseres Erachtens grundsätzlich nichts entgegen. Dafür bedürfe es jedoch Änderungen bzw. Klarstellungen im MaklerG (z.B. Einführung einer Bestimmung, dass den Besteller/Auftraggeber des Maklers die Provisionszahlungspflicht trifft, welche auch die Rolle des Immobilienmaklers als Doppelmakler berücksichtigt)."

7. Andere Erlösmodelle

Der liberalste Ansatz freilich ist, die Honorare gar nicht einzuschränken und den Markt alles regeln zu lassen. Bleibt die Frage, ob man an seine unsichtbare Hand glaubt. Dem Marktmechanismus zufolge bekäme der Makler in verödeten Gegenden deutlich mehr Provision, weil die Abschlusswahrscheinlichkeit niedriger ist. In nachgefragten hippen Grätzeln fällt die Courtage niedriger aus, weil hier der Aufwand, die Wohnung an den Mann, die Frau, die Familie zu bringen, geringer ist. Dänemark hat sich zum Beispiel entschieden, sich komplett aus der Vorgabe, wie hoch oder niedrig Provisionen sein dürfen, herauszuhalten. Nicht einmal die Verbände dürfen Empfehlungen für die Provisionshöhe abgeben. Eine Doppeltätigkeit für ein und dasselbe Objekt ist verboten.

Andere Größen, an denen sich die Provision orientieren könnte: In der Schweiz werden die Verkehrsstrafen vom Einkommen abhängig gemacht.

Warum nicht auch die Wohnungsvermittlungskosten? Oder regional unterschiedliche Provisionen, die sich je nach Käufer oder Verkäufermarkt unterschiedlich gestalten und möglicherweise auch am Medianeinkommen der Gegend orientieren.

Christian Hrdliczka kann sich auch Mietprovisionen vorstellen, bei denen „je nach sozialem Status entsprechende Einmalpauschalhonorare für die Betreuung abgerechnet werden, unabhängig von Laufzeiten und Miethöhen, bis zu alten bewährten Provisionsmodellen, wo keine wirtschaftliche Schutzbedürftigkeit gegeben ist."

Alois Reikersdorfer von RE/MAX Austria bringt eine weitere Idee, die sich bereits bewährt hat: „Eine Möglichkeit bei Abgebern wäre – wie auch in einigen anderen Ländern praktiziert – die Kombination aus einem Fixbetrag (Spesenersatz für z.B. Marketingmaßnahmen) plus Erfolgshonorar bzw. Dienstleistungspaketen." RE/MAX habe diese Idee mit dem sogenannten FAIRMIET-Wohnservice-Paketen bereits umgesetzt und „sehr gute Erfahrungen" gemacht; diese würden immer mehr von den Kunden angenommen, versichert Reikersdorfer.

Als in Deutschland das Bestellerprinzip eingeführt wurde, waren viele Makler gezwungen, flexibler zu werden. Unter anderem antworteten sie auf eine Umfrage des IVD mit folgenden Lösungen, die sie anstreben:

- Vermietungspakete mit Individualleistungen
- Pauschalprovisionen für Vermieter
- Einzelleistungen auf Honorarbasis
- Zusatzeinkommen aus einer anderen Branche
- Weiter Ankurbelung des Verkaufsgeschäfts
- Freie Verhandlungen der Provision mit dem Eigentümer
- Per GG-Ticker (eine Art MLS mit über 5.000 IVD-Kollegen) neue „Angebote" für den Eigentümer
- Innenprovision mit 1,49 Prozent der Monatsmiete und 2,38 Prozent der Monatsmiete, je nach beauftragter Leistung
- Verschiedene Leistungspakete
- Die Courtagekosten des Vermieters werden zum Teil über die höhere Miete auf die Mieter umgelegt
- Angebot von Vermittlungsleistungen in verschiedenem Umfang zu gestaffelten Konditionen

- Vermittlung von Kaufobjekten und Gewerbeimmobilien favorisieren
- Angebot von Teilmaklerleistungen
- Angebot eines „Baukastensystems“ von Leistungen
- Versuch der Durchsetzung einer längeren Mietbindung bis vier Jahre, danach erfolgsabhängige Staffelung der Provisionshöhe
- Wir berechnen dem Eigentümer Erfolgsunabhängig 89 Euro zzgl. MwSt je Stunde bei der Vermietung. Im Schnitt benötigen wir acht bis zehn Stunden für die gesamte Abwicklung.
- Vermieter Faltrate
- Vermittlung über Hausverwaltung und Bestandskunden, keine Akquise vom Markt
- Neue Akquisestrategien für Verkauf, Vorträge, belastbare Wertermittlung, partielle Maklerleistung (Consulting)
- Zusätzlicher Service im Energiemarkt
- Erbringung von mehr Dienstleistungen für den Eigentümer, um Auftrag und Maklerhonorar zu erhalten
- Mietercheck und Mietvertragserstellung für Vermieter, die selbst den Mieter gefunden haben

Aus den Imageumfragen wissen wir, die wesentlichen Kritikpunkte der Öffentlichkeit am Makler sind: Höhe der Provision, Zwangsbeglückung (Auswahl des Maklers), fehlendes Verständnis für die Leistung und die fehlende Auswahlmöglichkeit einzelner Leistungen. Mit den vorgestellten Provisionsmodellen bzw. den Strategien der deutschen Makler würden einige Kritikpunkte, vielleicht sogar alle, verpuffen.

8. Stadt - Land - ungerecht

Ein Problem stellen die sich diametral auseinanderentwickelnden Märkte in strukturschwachen Regionen am Land und in boomenden Städten dar. Mal ehrlich: Bei dem aktuellen Überhang an Wohnraumnachfrage in den Städten kann man mit einer halbwegs vernünftigen Wohnung eigentlich nichts falsch machen. Sie gehen weg wie die warmen Semmeln. Da die überwiegende Leistung des Maklers gerade in solchen Märkten für den Abgeber erbracht wird, die Provision aber realiter von den Mietern/Käufern verlangt wird, kommt es zu einem ungerechten Verhältnis.

Ganz anders in ländlichen Regionen, in denen die Provision aufgrund der niedrigeren Preise und Flächen ohnehin schon schwächer ausfällt. Hier zahlt jetzt schon immer öfter der Abgeber den Makler, weil er froh ist, wenn das Objekt überhaupt einen Interessenten findet. Immer häufiger nehmen Makler am Land deswegen Aufträge nicht an, selbst wenn der Eigentümer großzügigste Goodies anbietet (für den Makler und aber vor allem für den potenziellen Mieter, zum Beispiel Mietfreistellungen, von denen selbst Ankermieter im Retailgeschäft nur träumen können).

Es wird noch schlimmer. Die Landwirtschaft wird dramatisch hoch gefördert, früher oder später wird das nicht mehr zu halten sein. Die Wertschöpfung am Land wird weiter sinken. Das Bildungsniveau sinkt, alle wollen in die Stadt, die Geldgießkanne, die überall ein paar Tropfen zum Weiterwurschteln verteilt, ist kein Perpetuum mobile. Wer wird dann in diesen Regionen Immobilien brauchen? Wer wird sie bewohnen und erhalten? Und was gibt es dann zu vermitteln? Nichts.

Der Sukkus: Für diese aussterbenden Gegenden gilt aktuell das gleiche Provisionssystem wie für die Städte, in denen die Wohnungen ratzfatz weggehen. Da hat dann ein ranghoher Funktionär erklärt, dass das ja gut sei, weil das aktuelle System mit der Doppelvertretung und den beiden Seiten, die zahlen dürfen, diese Ungleichheit ausgleiche. Na ja, so kann man es auch sehen. Das stimmt natürlich, aber nur aus der Sicht der Maklerbranche. Der Makler hat dadurch weniger Risiko, an dem unfairen Spannungsfeld Stadt/Land ändert das nichts. Man könnte auch sagen, dass es sich um eine Schieflage handelt, die durch Bindung der Honorarhöhe beispielsweise an einen Indikator, der den Markt auch hinsichtlich der Dominanz einer Gruppe (Verkäufer/Käufer) abbildet, verbessert werden könnte. Es müsste eine Datengröße gefunden werden, die als Indikator den aktuellen Markt abbildet. An ihn gekoppelt wird dann die Honorarhöhe errechnet. Nicht nur für das Stadt-Land-Gefälle wäre das vorteilhaft, auch für Zeiten, in denen die derzeitigen Boomsegmente wie urbane Mietwohnungen nicht mehr so gefragt sind, was aufgrund der Überalterung der Gesellschaft in 15 Jahren sehr leicht der Fall sein kann.

B. Doppelvertretung

Manche der neuen Geschäftsmodelle setzen voraus, dass ein Makler nicht zugleich von beiden Seiten (Abgeber und Abnehmer) honorarberechtigt ist. Unabhängig davon muss aber ohnehin hinterfragt werden, ob die Interessen zweier Kunden wirklich zugleich vertreten werden können. „Die Doppelvertretung – sprich: der Ausgleich der Interessen von Abgeber und Interessenten – hat durchaus für beide Seiten Vorteile. Ob allerdings die derzeit gängige Praxis beibehalten werden soll, davon bin ich nicht unbedingt überzeugt. Die Problematik liegt darin, dass es in der Praxis nicht immer einfach ist, für Abgeber und Interessenten einer Immobilie die notwendige Neutralität einzuhalten. Jede Partei (Abgeber und Interessent) sollte bei der Abwicklung des Geschäfts seinen Parteienvertreter haben – nur so sind Interessenkonflikte zu vermeiden“, glaubt RE/MAX Österreich-Chef Alois Reikersdorfer.

Gelebte Praxis

Walter Rosifka von der Arbeiterkammer Wien sieht den Hauptnutzen eines Maklers beim Abgeber: „Die Haupttätigkeit des Maklers, der Inserate schaltet und zum Beispiel mehrere erfolglose Wohnungsbesichtigungen durchführt, bis ein Mieter/Käufer gefunden ist, wird ja für den Vermieter/Verkäufer erbracht; Vermieter/Verkäufer ersparen sich Inseratkosten und den Zeitaufwand, der für Besichtigungen mit Interessenten anfällt.“ Daher solle auch der, der den Makler zahlt, von ihm vertreten werden. Erstauftraggeberprinzip nennt Rosifka das adaptierte Bestellerprinzip.

Eine Untersuchung des Deutschen Instituts für Service-Qualität (Disq) im Auftrag von n-tv brachte 2016 folgendes Ergebnis: Für die Abgeber leisten die Makler einen recht guten Job. Für die Abnehmer, die potenziellen Käufer, sieht das hingegen so aus: „Eine kundenorientierte Beratung bieten nicht alle Makler den Kaufinteressenten. So bleiben im Test mögliche Nachteile der Immobilien in zwei Drittel der Beratungen außen vor; alternative Immobilien werden in weniger als einem Viertel der Fälle angeboten.“

Durchschnittlich würde es 32,2 Stunden dauern, bis eine E-Mail beantwortet werde und jede vierte Anfrage würde gar nicht beantwortet. Außerdem werde bei Besichtigungen nur selten nachgefragt, was der Kunde eigentlich wolle, weswegen Markus Hamer, Geschäftsführer des Deutschen Instituts für Service-Qualität, rät: „Interessenten sollten ihre Vorstellungen und Wünsche deshalb aktiv äußern."

Das Dramatische daran bringt wie schon Rosifka auch ein Artikel der „Welt" auf den Punkt: „Dabei werden Immobilienmakler in den meisten Regionen ausgerechnet vom Käufer bezahlt, nicht vom Verkäufer, der den Makler beauftragt. Üblich ist eine Provision in Höhe von 7,14 Prozent des Kaufpreises[28] inklusive Mehrwertsteuer. So kommen fünfstellige Eurobeträge zustande. Dafür bekommt der Käufer, der normalerweise selbst das Immobilienangebot im Internet findet, meist nur ein Exposé und einen Besichtigungstermin." Eine derzeit noch vielleicht verkürzte Sichtweise, aber einerseits reduziert sich die Leistungspalette des Maklers immer mehr – Stichwort: differenzierte Leistungen und digitale Substitution –, das Inserat muss auch nicht zwangsläufig ein Makler aufgeben und die Interessenwahrnehmung des Käufers selbst bleibt tatsächlich meist auf der Strecke.

Was die Studie zudem untermauert, dürften zahllose Wohnungssuchende schon selbst erfahren haben und ist wirtschaftlich völlig nachvollziehbar: Der Makler hat Interesse daran, dass die Wohnung schnell und zu einem möglichst hohen Preis verkauft wird. Die Kundenzufriedenheit könnte man mittels After-Sales-Messungen testen – aber wie viele Makler tun das schon? Wichtiger ist das Service für den Abgeber, dieser wird gehegt, selbst wenn er es ausschließt, dass er für eine Provision aufkommt; das ändert auch der offizielle Hinweis auf eine Doppelvertretung in einer Kundenmail nicht. Im Übrigen ist es auch kein herausragender Beratungsansatz, wenn der Makler nur dazu verpflichtet ist, Informationen einzuholen und diese weiterzugeben (siehe das Kapitel „Die Haftung des Immobilienmaklers"). Der häufige Hinweis, dass zwar ein Energieausweis verlangt wurde, der Eigentümer aber keinen vorgelegt hat, ist aus Endkundensicht nicht gerade als hoher Servicierungsgrad einzustufen, um nur ein Beispiel zu nennen. Und gerade bei den so sensiblen Mietobjekten gilt: Je höher die Miete, desto höher fällt die Provision aus, und je schneller der Vertragsabschluss vonstatten geht, desto einfacher.

---

[28] Deutsche Provisionsregelung, Anm.

Warum sollte der Makler über „negative" Eigenschaften informieren, sofern er das nicht irgendwie gesetzlich muss?

Es handelt sich also um eine verkehrte Welt. Das einzig gültige Argument für die Doppelvertretung ist der Interessenausgleich, die Vermittlung im wahrsten Sinne des Wortes. Mediation statt Verkauf. Wie die Realität zeigt, erfolgt diese mediative Vorgangsweise aber kaum und ist auch nicht immer nötig. Und warum sollen zwei Makler, die unterschiedliche Seiten vertreten, nicht auch Interessen ausgleichen können? Vielleicht sogar effektiver.

Eine Möglichkeit wäre also, die Doppelvertretung gesetzlich abzuschaffen. Makler müssten wählen, wen sie vertreten. Ranghohe Interessenvertreter der österreichischen Makler gestehen hinter vorgehaltener Hand schon seit Jahren ein, dass dieses System unsinnig sei. Offiziell verteidigen sie dieses natürlich und ringen nach Argumenten. Müssten Makler sich entscheiden, welche Seite sie vertreten, fänden sie sich im Übrigen auch ganz im Rahmen der honorigen RICS-Vorschriften (Royal Institution of Chartered Surveyors, ein weltweiter Verband) wieder, denn der schließt eine zweiseitige Vertretung kategorisch als unethisch aus.

Hier sei übrigens darauf verwiesen, dass Systeme wie das MLS eigentlich mit einem Abgeberhonorar arbeiten, die Stärken oder Schwächen der beiden Marktseiten aber ausgleichen. Der Makler, der den Abgeber betreut, verhandelt mit selbigem die Höhe des Honorars. Dann stellt der Abgebermakler das Objekt in den Datenpool, auf den alle anderen Makler zugreifen können. Hier schreibt der Abgebermakler auch hinein, wie viel von seiner Provision er bereit ist herzugeben, wenn ein anderer Makler einen Abnehmer bringt – was bei diesem System eigentlich fast immer der Fall ist und weshalb es auch zu keiner Problematik mit einer zweiseitigen Interessenvertretung kommt.

Europäischer Vergleich: Provisionen beim Immobilienerwerb und wer sie zahlt

Land	Übliche Provision, netto, Anteil vom Kaufpreis	Wer zahlt?
Belgien	3-5%	vom Auftraggeber, Umlegung auf andere Partei unzulässig
Dänemark	< 2,5 %	diverse Modelle, keine Doppeltätigkeit erlaubt
Griechenland	2%	vom Käufer; zweite Provision vom Verkäufer kommt vor
Großbritannien	1,5-4%	vom Verkäufer, Abwälzung auf Käufer nicht üblich
Irland	1-4%	vom Verkäufer
Italien	2-4%	von Verkäufer und Käufer; (Rom: 5 %)
Luxemburg	3%	vom Verkäufer
Niederlande	1-2%	vom Auftraggeber, keine Doppeltätigkeit erlaubt
Norwegen	1-2,5 %	vom Auftraggeber
Österreich	3(-6)%	(Kaufpreis <36.366 ?: 4 %) bei Doppeltätigkeit von beiden
Portugal	3-5%	Verkäufer
Schweden	3-5%	vom Auftraggeber; muss Interessen auch der Gegenseite wahrnehmen
Spanien	3-5%	vom Verkäufer, meist vertraglich auf Käufer abgewälzt
Ungarn	3-5%	vom Auftraggeber

Quelle: www.globalpropertyguide.com, Leistungen und Provisionen transparent, wohnen im eigentum e.V., Bonn.

Christian Hrdliczka vom SWV meint dazu: „Die Doppelvertretung ist meines Erachtens ein Relikt, welches uns selbst vorgaukelt, Diener zweier Herren zu sein und diese gleichwertig durch das Geschäft zu begleiten. Wenn wir ehrlich in uns gehen, trifft das ja nicht wirklich zu. Wer kann mit Fug und Recht behaupten, wirklich zwei Seiten ohne Interessenkonflikt zu betreuen? Vor allem wo in oft gelebter Praxis nur einer bezahlt. In einer einseitigen Vertretung kann sich jeder auf die Durchsetzung seiner Interessen konzentrieren und aus Kundensicht vertrauen. Jede Partei hat ihren Parteienvertreter, der professionell das Geschäft begleitet und die Einhaltung der Vorschriften garantiert – jeder zu seinem Preis, der dann auch einen anderen Wert bekommt als heute."

C. Sharing Economy - MLS

Willkommen in der Sharing Economy! Haben Sie sich schon einmal gefragt, was denn diese ominöse Sharing Economy für die Immobilienwirtschaft bedeuten könnte? MLS (Multiple Listing Service) wäre eine Antwort darauf. Der Anfang erfordert vielleicht Mut, denn bislang waren es Makler in Österreich nicht gewohnt, mit offenen Karten zu spielen, und während manche diesen Satz lesen, werden sie zusammenzucken. Aber erinnern Sie sich noch an die Einleitung dieses Kapitels und die Labels der Musikindustrie, die nicht miteinander kooperieren wollten?

Und es kommt ja viel besser: Was, wenn ein MLS die Geschäfte komplett vereinfacht und man deutlich mehr Geschäftsfälle abschließt, weil das Ganze plötzlich System hat? Im Großraum Toronto in Kanada sind bei 90 Prozent der Transaktionen zwei Makler beteiligt. Sie teilen sich die Provision. Das stört niemanden, weil man einfach *doppelt* so viel Geschäft macht, das Privat-zu-privat-Geschäft nur 2,5 Prozent beträgt (in Österreich gehen 60 Prozent am Makler vorbei) und die durchschnittliche Vermarktungszeit eines Objekts 28 Tage ausmacht.

„Diese Idee ist massiv zu unterstützen!", ist Christian Hrdliczka als Sprecher des SWV Immobilien überzeugt. „Wenn man – und nur so sollte man sich diesem Thema nähern – das Interesse des Kunden in den Vordergrund stellt, dann kann dieses System nur die einzig vernünftige Alternative darstellen. Kunden wollen vor allem entweder in einer vernünftigen Zeit einen guten Preis erzielen oder rasch und ohne unnötige Umwege eine passende Immobilie finden. Völlig ungeachtet dessen, ob sich Maklerkollegen riechen können oder nicht, ob genügend Provision im Topf ist oder nicht – der Kundennutzen muss überwiegen."

Wie funktioniert das System nun im Detail? Der Blogger Bernhard Schaus hat es in einem Beitrag anhand des Marktes in den USA auf seiner Website www.immobilien-akquiseprofis.de treffend wie folgt zusammengefasst:

ERFOLGREICH MAKELN MIT SYSTEM

Andere Länder, andere Gebräuche. Das trifft auch auf Immobilienmakler zu. Wer einen unbefangenen Blick auf das US-amerikanische System des Makelns wirft, entdeckt Ideen, die auch für deutsche Makler von Interesse sein können.

Die Zahlen sprechen für sich

Die Vermittlung von Immobilien erfolgt in den USA nach strengen Regeln. In den meisten Fällen arbeitet der Besitzer einer Immobilie mit einem Makler zusammen, der das Objekt auf dem Markt anbietet.

Sämtliche Makler einer Region haben Zugriff auf die Objekte, die in ihrem lokalen Bereich angeboten werden. Demnach kann jeder Makler dieser Region seinen Kunden praktisch jede Immobilie vermitteln, die der Immobilienmarkt in seinem Gebiet bereithält.

Im Detail ist das per Gesetz geregelt und beinhaltet in den meisten Bundesstaaten, dass der Käufer einer Immobilie sich durch seinen persönlichen Käufermakler vertreten lässt. Für seine Tätigkeit erhält dieser einen Anteil der Provision des Maklers, den der Verkäufer beauftragt hat. Wer auf einen Käufermakler verzichtet, der sollte wissen, dass der Verkäufermakler stets für die andere Partei arbeitet. In der Regel haben also Käufer und Verkäufer je einen Makler, der nur für ihn tätig ist.

Wie erfolgreich das amerikanische System ist, lässt sich an verschiedenen Zahlen ablesen. Dem US-amerikanischen Maklerverband National Association of Realtors (NAR) gehören 1,1 Millionen Mitglieder an. In der NAR sind somit über 90 Prozent der amerikanischen Makler organisiert. Der Verband gehört zu den wichtigsten Lobbyvereinen der Vereinigten Staaten.

Die im Verband organisierten Makler verkaufen jährlich 6,9 Millionen Immobilien, die privat genutzt werden. Im Durchschnitt wechselt jedes Objekt für rund 175.000 US-Dollar den Besitzer.

Verkaufswege

	2001	2003	2004	2005	2006	2007	2008	2009	2010	2011	2012	2013	2014	2015
Verkauf mit Makler	79	83	82	85	84	85	84	85	88	87	88	88	88	89
Privat (FSBO: For-sale-by-owner)	13	14	14	13	12	12	13	11	9	9	9	9	9	8
Verkauf an ein Immobilienunternehmen	1	1	1	1	1	1	1	1	1	1	1	1	1	1
Andere	7	3	3	2	3	2	2	3	3	3	2	2	2	2

2015 wurden 89 Prozent aller Häuser in den USA über einen Makler verkauft, 2001 waren es noch 79 Prozent. Quelle: realtor.org/http://www.immobilien-akquiseprofis.de.

Mit dem Multi-Listing-System (MLS) zum Erfolg

Auffallend für den amerikanischen Markt ist die Tatsache, dass die Zusammenarbeit unter den Maklern sehr ausgeprägt ist. Gemeinschaftliche Abschlüsse sind in den USA Standard; sie machen dort seit Ende des 19. Jahrhunderts bis zu 99 Prozent aller Immobiliengeschäfte aus. Diese Tatsache ist wohl in erster Linie dem Multi-Listing-System geschuldet, das die ideale Basis für Gemeinschaftsgeschäfte darstellt. Dabei handelt es sich um webbasierte Datenbanken für Gemeinschaftsgeschäfte, zu denen nur Makler Zugang haben.

Mit Multi-Listing-Systemen machen sich die Makler im US-amerikanischen Markt unersetzbar. 81 Prozent der Immobilienverkäufe finden über einen Makler statt (in Deutschland sind es nur etwa 55 Prozent). Weitere 9 Prozent der Verkäufer organisieren den Verkauf ihrer Immobilie zwar selbst, zahlen einem Makler allerdings eine Gebühr, um über ihn Zugriff auf das MLS zu haben. Öffentliche Immobilienportale haben in den USA einen deutlich niedrigeren Stellenwert als in Deutschland.

Kurze Vermarktungsdauer

Die Erfolgsquote der amerikanischen Makler zeigt sich unter anderem anhand der extrem kurzen Vermarktungsdauer. In den USA gilt bereits eine Vermarktungsdauer von über zehn Wochen als besonders lange.

Außerdem werden die Immobilien in immerhin 80 Prozent auch tatsächlich zu dem taxierten Preis oder sogar für eine höhere Summe verkauft. Nicht nur der Makler zieht seine Vorteile aus dem Multi-Listing-System, auch der Käufer profitiert davon. Er bekommt auf einen Blick das gesamte Marktangebot zur Auswahl und gewinnt Einblick in die realen Marktkonditionen. Der Verkäufer kann sich darüber freuen, dass sein Haus in einer kurzen Zeitspanne zum bestmöglichen Preis verkauft wird. Letztendlich ziehen alle Beteiligten aus dem Multi-Listing-System ihren Vorteil. Auch der Makler, der in der Regel eine Provision erhält, die zwischen vier bis sechs Prozent liegt.

Zielgerichtet verkaufen - ein weiterer Baustein des Erfolgs

Wenn von der erfolgreichen Arbeit der US-amerikanischen Makler die Rede ist, muss auch die Competitive-Market-Analyse (CMA) erwähnt werden. Diese Wettbewerbsmarktanalyse ist einerseits ein Instrument, um einen Alleinauftrag zu erhalten, andererseits ist sie unentbehrlich für den schnellen Verkauf einer Immobilie zu einem angemessenen Preis.

Die Grundlage für die CMA bildet das Multi-Listing-System. Alle vergleichbaren Objekte, die zum Verkauf anstehen, werden mit dem neuen Objekt verglichen.

Die Analyse erfolgt in tabellarischer Form und schließt auch Immobilien mit ein, die in den letzten Monaten in der Nachbarschaft angeboten und verkauft wurden.

Die Competitive-Market-Analyse lässt praktisch nichts aus. Angebots- und tatsächliche Verkaufspreise werden ebenso erfasst und verglichen wie die Zeitspanne, die ein Objekt auf dem Markt war. Auf der Basis dieser Zahlen werden mithilfe statistischer Arbeitsweisen vorab der Preis und die wahrscheinliche Zeitspanne für das zu verkaufende Objekt ermittelt.

Besonders empfehlenswerte CMA-Softwaresysteme bereiten die Daten übersichtlich und nachvollziehbar auf. Die Zahlen können in gebundener Form an den Verkäufer übergeben werden, sodass dieser einen genauen Überblick über die Möglichkeiten seines Objekts auf dem Markt erhält, inklusive Preisempfehlung und Vermarktungsplan.

Zu den vergleichbaren Immobilien zu seinem Angebot erhält der Verkäufer ausführliche Exposés, was letztendlich eine gute Grundlage zur Preisfindung bildet.

Wer übernimmt die Datenpflege der MLS?

Auch die beste Datenbank taugt nichts, wenn sie nicht gepflegt und permanent auf den aktuellen Stand gebracht wird. Die Datenpflege der Multi-Listing-Systeme liegt in der Verantwortung des Maklers. Sie ist festgeschrieben in den Nutzungsbedingungen der lokalen Datenbanken. In der Regel erscheint jedes neue Objekt innerhalb von 24 Stunden im System. Die Darstellung der Immobilien ist vergleichbar mit der eines deutschen Immobilienportals.

Ebenfalls in der Datenbank sind weitere relevante Informationen gelistet. Handelt es sich zum Beispiel um einen Alleinauftrag? Oder wer zahlt die Provision und wie teilen sich der Makler des Käufers und der des Verkäufers die Courtage? Persönlichen Zugang zu dem System hat jeder Makler, der im lokalen Ableger der NAR organisiert ist. Er muss dafür einen pauschalen Jahresbeitrag entrichten.

Um Dopplungen zu vermeiden, existiert für jede Region eine eigene MLS-Datenbank, die regelmäßig gepflegt und aktualisiert wird. Auf diese Weise sind in der jeweiligen Datenbank von jedem Haus und jeder Wohnung einer Region Datensätze vorhanden, die bei Bedarf abgerufen werden können. Die Informationen zu den Immobilien sind nicht einfach allgemeiner Natur, sondern umfassen alle Angaben, die für das Haus oder die Wohnung markant sind.

Der Makler hat durch diese Systematik zu jeder Zeit die tatsächlichen Verkaufsdaten zur Hand und kann damit entsprechend arbeiten. Er weiß, zu welchen Konditionen und in welchem Zeitrahmen ein Objekt bereits auf dem Markt war. Er sieht auf einen Blick, ob es Preisänderungen gegeben hat, ob die Wohnung oder das Haus zu anderen Konditionen erneut angeboten wurde. Selbst wenn es bei einem Objekt in den letzten 15 Jahren Veränderungen bezüglich des Verkaufs gegeben hat, kann der Makler das dank des Multi-Listing-Systems leicht ersehen.

Mehrmalige Verkäufe sind innerhalb des Systems in untereinander verbundenen Datensätzen ersichtlich. Dabei wird nicht an Details gespart. Der Makler findet ebenso konkrete Informationen über die Vertragsform wie über die Dauer der Vermarktung. Auch Preiskorrekturen werden nicht verschwiegen, sodass der Makler mit einem komplexen Wissen ausgestattet wird. Mit diesen Informationen kann er erfolgreich zum Wohle seines Kunden agieren.

Alleinstellungskriterium schafft Vertrauen

Der amerikanische Kunde erwartet von seinem Makler eine komplexe Kenntnis des Marktes in seiner Region. Durch den Zugang zu MLS verfügt der organisierte Makler über ein Alleinstellungsmerkmal gegenüber den wenigen unorganisierten Maklern. Das schafft Vertrauen. Wobei amerikanische Kunden bei der Wahl eines Maklers auch auf Empfehlungen von Freunden hören und sich in Gesprächen den zukünftigen Makler auswählen.

Wenn die Entscheidung gefallen ist, wird in der Regel ein Makleralleinauftrag geschlossen, der üblicherweise auf sechs Monate beschränkt ist. In dem Vertrag sind alle Details geregelt. So hat der Vertragspartner dem Makler zum Beispiel auch dann eine Provision zu zahlen, wenn er sein Haus oder seine Wohnung ohne die Hilfe des Maklers verkauft.

Im Durchschnitt dauert es in den USA etwa vier Wochen, um ein Haus oder eine Wohnung zu verkaufen. Nur bei 17 Prozent der Verkäufer dauert es länger als sechs Wochen. Und 36 Prozent der Aufträge sind bereits zwei Wochen nach der Beauftragung durch den Kunden erfolgreich abgeschlossen.

(Quelle und Autor: Bernhard Schaus, Immobilienblogger http://www.immobilien-akquiseprofis.de)

Lässt sich dieses System auch in Österreich einführen – ist das überhaupt sinnvoll? Hier scheiden sich die Geister.

Nach anfänglichen Bedenken haben im Jahr 2015 hinter verschlossenen Türen einige (möglicherweise auch nur oberflächliche) Gespräche dazu stattgefunden und selbst Teile der freiwilligen und unfreiwilligen Interessenvertretungen könnten sich dieses Modell vorstellen. Im offiziellen Wording fordert aber niemand vehement die Umstellung.

Hindernisse

Die Gründe, warum es tatsächlich nicht sinnvoll oder möglich wäre, ein MLS in Österreich einzuführen, sind folgende:

Manche nennen die technischen Schnittstellen als problematischen Punkt. Die Maklersoftwarehersteller würden hier nicht kooperieren. Hier sei jedenfalls auf die Kartellsituation und die skurrile Preisabzocke mancher Maklersoftwareanbieter verwiesen – siehe Kapitel Prügelknabe und Melkkuh. Christian Hrdliczka sieht die Probleme ganz woanders: „Nein, die Technik wird kein Hindernis sein. Die größten Herausforderungen eines solchen Systems werden zum einen die Grundhaltung der Makler zu vorbehaltslosen Gemeinschaftsgeschäften und zum anderen die ordentliche, kompetente Recherche und Objektqualität sein. Hindernisse, die dem im Weg stehen, sind ein fehlendes Grundvertrauen wegen oft fehlender Kompetenz und Qualität – Alleinvermittlung, Abgeberprovisionen, ordentliche Recherche – und persönliche Emotionen auf menschlicher Ebene. Eine entsprechende Argumentation der Vorteile für die Branche muss diese Hindernisse abbauen und der Zukunft unserer Branche den Weg ebnen. Fakt ist, dass in Ländern mit funktionierenden MLS-Systemen Makler trotz Provisionsteilungen zwei- bis dreimal mehr Umsatz generieren, Immobilien massiv schneller verwertet werden und durch diesen Mehrwert für die Kunden auch der Marktanteil der Makler stetig gestiegen ist. Bedeutet *mehr Geschäft* durch *Bereitschaft* zur *automatischen Teilung.*"

Österreich: Insellösungen, kein echtes System

Während die großen Vereine und Interessenvertretungen noch keinen großen richtigen Wurf für ein MLS parat haben, bereiten mehr und mehr einzelne Unternehmen oder Zusammenschlüsse solche Systeme vor. IMABIS von der Roland Schmid Group würde sich dafür eignen, die Ambitionen sind derzeit laut Eigentümer Schmid aber eher verhalten. Der Immobilienring treibt dieses Thema aktiv voran und ist damit auch schon mehrmals an die Öffentlichkeit gegangen. Der Immobilienring (IR) plant nämlich schon seit geraumer Zeit ein MLS. Oder eine Art davon, eigentlich das, was der Ring ohnehin schon immer zum Ziel hatte: mehr Gemeinschaftsgeschäft. Das IR-MLS soll über die unterschiedlichen Maklersoftwaresysteme hinweg funktionieren. IR-Makler, die nach einem Objekt im MLS suchen, können also freigegebene Immobilien abrufen, müssen dann aber mit dem Abgebermakler in Kontakt treten, um es weiter vermarkten zu können. So soll, laut IR-Präsident Georg Spiegelfeld, ausgeschlossen werden, dass beispielsweise ein Wohnungsmakler in der Stadt ein Forstgrundstück vermittelt – weil er dafür kein Experte ist.

Wie kommt der Makler hier zu seinem Honorar? Das Grundprinzip lautet: Der Abnehmermakler muss sein Honorar mit dem Abnehmer, der Abgebermakler mit dem Abgeber verhandeln. Jeder ist also selbst für sein Honorar verantwortlich. Auch der Endkunde, also der Abnehmer, muss Honorar zahlen, weil er Auftraggeber ist – durchaus eine Vorbereitung für eine mögliche Einführung des Bestellerprinzips. Wenn die beiden beteiligten Makler das Gesamthonorar allerdings anders aufteilen wollen, können sie das auch tun – das ist Sache zwischen den beiden Maklern.

Auch der ÖVI bastelt an einer Insellösung zur besseren Zusammenarbeit der Mitglieder, so ÖVI-Geschäftsführer Anton Holzapfel. Maklersoftwarehäuser wie Edi Real, Top Real, justimmo und on office haben Möglichkeiten, Objekte fakultativ zumindest mit den Nutzern der gleichen Software zu teilen. Bei manchen geht das auf Nutzerebene (also Personen), bei anderen nur zwischen den Büros. Zwei Monate nach Einführung waren bei justimmo bereits 4.000 von 32.000 Objekten zum Teilen freigegeben.

onOffice, der jüngste Maklersoftwareplayer in Österreich, geht nun einen weiteren Schritt. Sämtliche im Web publizierten Immobilieninserate werden gespydert, also automatisch gescannt und innerhalb der onOffice-Software zur Verfügung gestellt. Ein Quasi-MLS, aber am nähesten dran an einer „kompletten" Marktabdeckung. Damit bietet die Software für Makler, die sich auf die Suche für Kunden spezialisieren wollen, eine perfekte Plattform bzw. eine Alternative zu IMABIS. Auch zum Aufbau bzw. zur Stärkung der eigenen Website – Stichwort: Unabhängigkeit von großen Inseratplattformen – eignet sich das onOffice-MLS.

Die verstärkte Zusammenarbeit von Maklern ist sicherlich eine Zukunftsperspektive. Gibt es aber kein großflächigeres MLS, das den kompletten Markt (zumindest in einer Region) abdeckt, gehen viele Vorteile wie die klare Preisfindung, die Transparenz des Angebots zum Kunden, die zu erwartende Vermarktungsdauer und einfach die Sicherheit der Vollständigkeit verloren. MLS fertig gedacht – und nicht als Insellösung – bedeutet mehr lebendige Makler. Der Tod gilt dann den Plattformen, die braucht keiner mehr.

All diese Plattformen hat ein MLS bei seiner Einführung zum Feind. Aber gut, das müssen und werden die Makler aushalten, wenn es ums Überleben geht. Die größte Hürde einer Umsetzung in Österreich bzw. in Europa ist wohl die, dass diese Plattformen bereits eine so dominante Stellung haben, dass es in der Praxis schwer sein wird, ein – vielleicht – besseres System einzuführen. MLS sind in Nordamerika lange vor dem Internet als Grassroot-Bewegung entstanden, es waren Makler, die sich zusammengetan und dicke Kataloge mit den verfügbaren Objekten gedruckt hatten. Dann kamen die gemeinsamen Datenbanken und der Wildwuchs an Marktplattformen blieb aus.

Kritik: Kartell mit Marktmacht

Ein MLS bietet tatsächlich für alle Beteiligten – also Abgeber, Abnehmer, Makler, Öffentlichkeit – enorme Vorteile. Zwei Kritikpunkte möchte ich hier aber auch anbringen:

Zum einen braucht es einen Trägerverband, einen Verein wie das TREB. Da quasi alle Makler Mitglied in dieser Organisation sind bzw. sein müssen, um Geschäfte zu machen, kommt dem Verband eine kartellartige Stellung zu. So eine Vereinigung hat ja (sinnvollerweise) auch die Möglichkeit, die Qualität konsequent hoch zu halten. Alois Reikersdorfer, Österreich-Geschäftsführer von RE/MAX, verweist auf die Notwendigkeit „bei Verstößen von Kolleginnen/Kollegen auch entsprechende Konsequenzen – bis zum Entzug der Maklerberechtigung“ umzusetzen. Das passiert derzeit ja so gut wie gar nicht. Zur Erinnerung nochmals das Zitat von Michael Pisecky, Obmann der Immobilientreuhänder der WK Wien, im Magazin immobilien investment: „Ausschließen werden wir niemanden. Wir sind eine Interessenvertretung und keine Exekutionsbehörde. Das ist Sache der Gewerbebehörde. Wir vertreten immer alle."

Umso wichtiger sind in einer MLS-Organisation also die richtigen Kontrollmechanismen und hohe, echte Transparenz, gerade im gerne von „Freunderln" organisierten Österreich.

Monopolistische Handelsbeschränkung

Auch der zweite Kritikpunkt betrifft die Transparenz. Denn in Wahrheit ist nicht nur der Verein, sondern auch die ganze Idee des MLS eine organisierte Informationsrückhaltung. Genau das Gegenteil vom Internet.

Der in den USA lebende Journalist Jeff Jarvis schreibt in seinem Buch „Was würde Google tun?": „Jedoch haben Immobilienmakler nichts von mir – bzw. dem Internet – zu befürchten, denn sie kontrollieren eines der letzten schwarzen Löcher eingeschränkter Informationen, die es im Wirtschaftsleben noch gibt: die Datenbank des Multiple-Listing-Service (MLS), in der Immobilien gelistet werden, die zum Verkauf stehen. Wenn Ihr Haus dort nicht erfasst ist, nehmen die Käufer es gar nicht wahr, und andere Makler können es nicht anbieten und verkaufen. Leider ist es ausschließlich Immobilienmaklern vorbehalten, Häuser in der MLS-Datenbank zu erfassen. Für meine Begriffe handelt es sich hier um eine monopolistische Handelsbeschränkung. Immobilienmakler bezeichnen es als Service. Das Justizministerium der USA nannte es Antitrust und erwirkte 2008 ein Übereinkommen mit dem Nationalen Verband der Immobilienmakler, um den MLS teilweise für Discount-Broker zu öffnen. Das war ein kleiner Sieg über die Vermittler."

Zugleich muss man auch sagen: Google ist nicht die heilige Kuh. Man muss kein Fan von der globalen Übermacht sein und kann das „schwarze Loch", das von Google nicht mit irgendwelchen Geheimmechanismen permanent gescreent wird, als letzte Googel-freie Insel sehen.

Verschlossenes System? Nicht ganz

Außerdem spannend: Das MLS in den USA und in Kanada ist nicht eine Geheimdatenbank ausschließlich für Makler. Es gibt eine eigene Konsumentenseite (www.realtor.ca), auf der fast alle Objekte aus dem MLS zu finden sind.

Das heißt: Eigentlich ist durchaus eine Transparenz da, und zwar auf einer Plattform, die quasi den ganzen Markt abbildet (das ist mehr als derzeit bei uns in Österreich). „Das ist ja das Gute, in Kanada gehen alle zu einem Makler, weil sie das wollen, nicht weil sie müssen", erzählt Michael Polzler, CEO von RE/MAX Europe und Sohn von Frank Polzler, dem Steirer, der RE/MAX in Kanada groß gemacht hat und schließlich auch maßgeblich für die erfolgreiche Expansion nach Europa verantwortlich war. Die MLS-Datenbank für die Makler selbst verfügt über eine weit höhere Datentiefe und -breite als jene für die Konsumenten. Details wie Verrohrungssysteme und Feuerwände interessieren die Suchenden am Anfang einer Suche auch nicht wirklich.

Das System MLS funktioniert. Es funktioniert gut. Die Tendenz zu mehr Transparenz – durch höhere Effektivität, öffentlichen Druck, Politik etc. – steigt allerdings. Bekommt das System Risse, könnte es aber schnell obsolet werden.

Dennoch halte ich beide Kritikpunkte im Vergleich zu den Vorteilen eines MLS für erträglich. Solange die Kunden deutliche Vorteile haben und die Makler gute bis bessere Geschäfte als jetzt machen, ist es eine Win-win-Situation. Der Aufbau eines solchen Systems muss möglichst demokratisch und von Machern organisiert werden, Vereinsmeier wären hier eine schlechte Wahl.

D. Positionierung

Albert Einstein, Bob Dylan, Martin Luther King, Jr., Richard Branson, Thomas Edison, Muhammad Ali, Ted Turner, Maria Callas, Mahatma Gandhi, Frank Lloyd Wright und Pablo Picasso und wie sie alle heißen – sie sind die, „die die Dinge anders sehen. Sie beugen sich keinen Regeln, und sie haben keinen Respekt vor dem Status quo", wie ein Apple-Werbespot der Kampagne „Think different" 1997 auf ausgesprochen berührende Weise verkündete. Schauen Sie sich diesen Spot unbedingt auf Youtube an, ich kenne keinen anderen Werbefilm, der so kraftvoll ist.

Sich zu positionieren heißt Mut zur Lücke zu beweisen. Das wird nicht leicht. Mit dem Bauchladen wird es fatal. Also, lassen Sie uns gemeinsam analysieren, wo man in Zukunft welche Leistungen erbringen wird können. Grundsätzlich geht das über folgende Faktoren:

- Funktionen: Verkauf oder Vermietung
- Objekte: Welche Arten von Immobilien werden vermittelt? Etwa nur barrierefreie Objekte, nur Wohnungen, nur Häuser?
- Geografisch: Konzentration auf Bezirke, Straßenzüge, Stadtteile
- Zielgruppe: Masse/Internet oder persönlicher Face-to-Face-Kontakt
- Themen: Studenten, Senioren, Familien, Homosexuelle, urbane Trendsetter, Bauern usw.

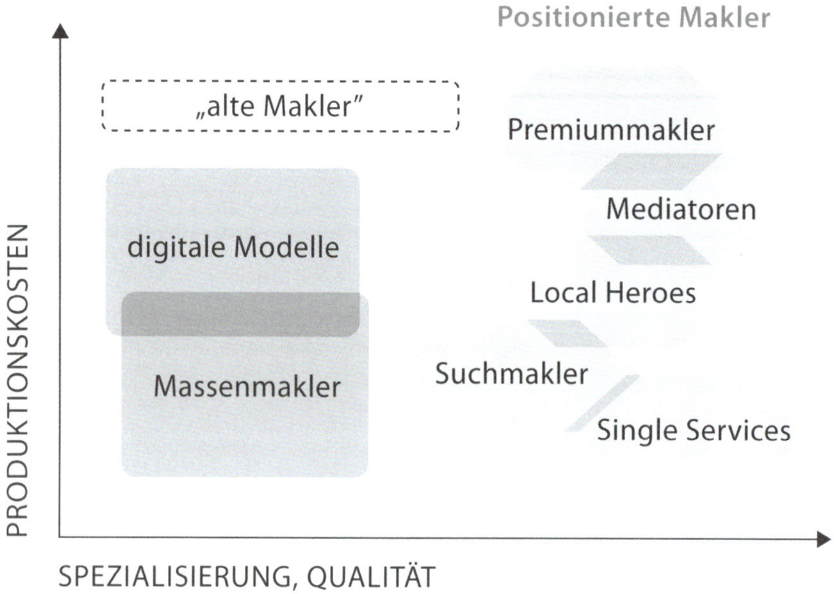

So könnte der Maklermarkt in einigen Jahren aussehen.

1. Farming – Local Heroes

Sie müssen nicht der Retter des Universums werden, es reicht, Farmer zu werden. Bauer? Natürlich nicht, Farming nennt sich die Spezialisierung auf klar abgegrenzte Gebiete. In diesem geografisch abgesteckten Bereich sind Sie absoluter Platzhirsch. Sie kennen praktisch alle Objekte in dem Gebiet auswendig, kennen fast alle Bewohner, wissen, wie alt sie sind, wo deren Familie lebt, wer in Miete und wer in Eigentum haust. In diesem Hieb, in diesem Grätzel, einem Quartier, Straßenzug oder ein bis zwei Ortschaften sind Sie der absolut anerkannte Experte und Vertrauensmensch, wenn es um Immobilien und Wohnfragen geht. Die Bewohner dieses Gebiets würden nicht einmal im Traum daran denken, die Immobiliendinge selbst zu erledigen oder Sie nicht einzubinden – oder gar einem anderen Makler mehr zu vertrauen als Ihnen.

Sie stehen persönlich in ständigem Kontakt mit der Umgebung, dem Lokalkolorit, betreiben Presse- und Öffentlichkeitsarbeit (auf überschaubarem Niveau!). Gerade in Österreich suchen Menschen konkret an einem ihnen bekannten Ort (anders als zum Beispiel in den USA, wo die Mobilität weitaus höher ist). Farmer deshalb, weil sie ihren abgegrenzten Acker bearbeiten. Sie sähen und ernten. Das geht natürlich nur in überschaubarem Rahmen: 1.000 Haushalte sind eine Daumenregel für die Größe des zu bearbeitenden Marktes. Oder zeitlich fest gemacht: das Einzugsgebiet von zehn Minuten. Innerhalb dieser Größe funktioniert Nachbarschaft, wird in der Nahversorgung eingekauft, tratscht der Apotheker über seine Freunde und der Stammtisch über Gott und die Welt. Arztbesuche spielen sich bevorzugt in so einem Areal ab, der spontane Freundeskreis und Gastronomiekonsum passieren hier.

Überholen Sie die Großen!

Nicht jeder kann eine hohe Werbepräsenz in der ganzen Stadt haben, das bleibt großen Maklerbüros wie JPI, EHL, bar, Otto oder RE/MAX vorbehalten. Innerhalb eines kleinen Bereichs können diese Player aber locker überholt werden. Flyer in jedem Café, Informationsabende im Büro, Dreiecksschilder an Objekten ergänzen die selektive Medienarbeit mit Lokalmedien. Gut gemachte Nachbarschaftsbriefe schlagen alle Pfarrblätter und Bürgermeisternachrichten. Rapid zu sponsern ist auch zu teuer? Brauchen Sie nicht, lokale Quasimonopolisten setzen auf die Gebietsliga oder wo halt gerade die ortsansässige Kickertruppe spielt, auf Blasmusik, Alpenverein und ARBÖ. Erarbeiten Sie Preisspiegel für Ihre Mikrolagen und veröffentlichen Sie diese – in Medien, im Internet, in lokalen Hotspots wie Schaukästen etc. Und wer noch Fragen zu Wohnthemen hat, ist natürlich in der Sprechstunde herzlich willkommen.

Eine wesentliche Kennzahl zur Auswahl der Größe der Farm ist der Nutzerwechsel: Bedenken Sie die demografische Entwicklung (alte Nutzer, Familien, DINKS) und die vorherrschenden Lebensstile in der Farm. Professor Stephan Kippes, Immobilienmarketingexperte an der Hochschule für Wirtschaft und Umwelt Nürtingen-Geislingen, rät dazu, mehrere Farmen unterschiedlicher Prägung zu betreiben – Verschiedenartigkeit ist hier Risikostreuung. So könnte die eine Farm eher ein Neubaugebiet sein, die andere ein vitales In-Viertel. Makler und Immobilienblogger Bernhard Schaus rechnet vor: „Bei 500 Haushalten fallen jährlich etwa 50 Umzüge an, also 50 Auszüge und 50 Einzüge, insgesamt mögliche 100 Transaktionen. Das Meiste sind sicherlich Mietobjekte, doch gerade in Großstädten nimmt der Anteil der Kaufobjekte stetig zu.“

Vorteilhaft beim Farming: die hohe Loyalität, zum Beispiel für Ametageschäfte, wenn Menschen woanders hinziehen bzw. auch für die Beurteilung der Dienstleistung auf diversen Portalen im Internet (z.B. auf Maklerbewertungsplattformen). Außerdem ist der persönliche Kontakt ein Alleinstellungsmerkmal, der nicht durch das Internet oder große Maklerbüros ersetzt werden kann, und dank ihm stehen Sie auch nicht vor Fragen, ob sie telefonisch kalt akquirieren dürfen. Sie kennen sich ja ohnehin.

Farming ist eine langfristige Strategie, warnt Kippes. Einzelmaßnahmen und Inkonsequenz seien falsch und wirkten so, als ob man als Bauer alle zwei Jahre mal pflügt. Wegen der langfristigen Perspektive kommen als Farm auch Gebiete infrage, die aktuell noch nicht als trendig wahrgenommen werden, wo aber viel Zuzug bzw. viele Umzüge zu erwarten sind – Stichwort: Stadt- und Regionalentwicklung.

Nachteile des Farmings sind die fehlenden Skalierungseffekte (je größer, desto günstiger), limitierte Wachstumsmöglichkeiten und die Abhängigkeit von Persönlichkeiten – also einzelnen Menschen.

Variationen

Dennoch darf man auch größer denken. Spielarten des Farming finden sich in Form von sogenannten Pseudofarmen, bei dem das Aktivitätsgebiet weitaus breiter definiert wird. Der persönlicher Einsatz ist bei 10.000 oder 15.000 Haushalten nicht mehr so wirksam, es muss über Medien, also mittelbar, kommuniziert werden.

Gemeinsam erreicht man mehr – auch dieser Grundsatz kann helfen, wenn es um die Positionierung auf einem lokalen Markt geht. In Deutschland begannen einige Makler sich zusammenzuschließen, um eine regionale Marktführerschaft zu erlangen. Teilweise geschah das als Reaktion auf die Einführung des Bestellerprinzips, vorwiegend aber, um der Dominanz großer Immobilienportale die Stirn zu bieten. Sie wollten unabhängig von ImmobilienScout24 werden, das eine Quasialleinstellung hatte, bis sich Immowelt und Immonet zu einem ernst zu nehmenden Mitbewerber zusammenschlossen. Unabhängig von der Preispolitik (ImmobilienScout schnaltzte die Preise auch schon einmal um 100 Prozent von heute auf morgen in die Höhe) und auch von Werbungen, die ImmobilienScout zwischen die Immobilienanzeigen und in die Exposés hineinplatzierte – etwa für Finanzierungen, Küchen oder gar andere Makler.

www.immobilienportal-heidelberg.de war einer der Vorreiter, der so ein Gemeinschaftsmodell etablierte. Anfangs taten sich sechs Makler zusammen, heute sind es 24. Gemeinsam schreiben sie an einem Blog, der Fachwissen vermittelt und nebenbei gut für die Auffindbarkeit in Google ist. Wenn es um Wohnen in der Region Heidelberg geht, ist das Portal Platzhirsch und seine Mitglieder unumgängliche Experten. Zusammenschlüsse wie diese können unter einer gemeinsamen Marke erfolgen, die Plattform kann auch für Privatinserate geöffnet werden, ein angeschlossener Marktplatz für Handwerker und andere Dienstleistungen kann Zusatzgeschäft bringen. Die Varianten sind vielfältig. In Österreich ist der Immobilienring eine Spielart, eine andere – ausgesprochen weit fortgeschrittene – sind eigentlich auch Franchisesysteme, die nichts anderes zum Ziel haben, als Rahmenbedingungen für gute Geschäfte zu schaffen und einen Mehrwert zu generieren, den einer alleine nicht schaffen kann.

Eine lokal starke Marke kann auch in einer globalisierten Welt Erfolg haben. Immobilien-Farmer sind die lokalen Helden von morgen.

2. Mediation - echte Vermittler

Einen guten Grund gibt es für eine Doppelvertretung: Den Interessenausgleich zwischen den zwei Seiten, zwischen Abgeber und Abnehmer einer Immobilie. Hier geht es also um eine echte Vermittlungstätigkeit anstatt um den bloßen Vertrag.

Reinhold Lexer, selbst Immobilienmakler mit hohen Ansprüchen (so meint er etwa, dass man bei Mietwohnungen in Ballungsgebieten eigentlich nicht von einer „Vermittlung" reden kann), ist auch Obmann-Stellvertreter des Fachverbands der Immobilien- und Vermögenstreuhänder Österreich. Er ist leidenschaftlicher Verfechter der Mediation. Sie sollte seiner Meinung nach essentieller Teil der Maklertätigkeit in dem derzeitigen System sein. Sie könnte aber auch eine Spezialisierung für Makler bei der Änderung zu einem Bestellerprovisionssystem oder ähnlichem Wechsel Chancen sein. Situationen, in denen zwischen zwei Seiten vermittelt werden muss, wird es in jeder Art von Provisionsregelung geben, und auch dann, wenn Plattformen oder irgendetwas anderes Objekte automatisiert anbietet. Ein Mediator wird dann allerdings sicher nicht bei jeder Transaktion oder Vermietung gebraucht werden. Dafür ist diese Dienstleistung eine wirklich „menschliche", sie ist am schwersten von allen durch Automatisierung zu ersetzen.

Mediation ist also jedenfalls eines der großen Potenziale für den Maklerberuf, die unumgänglich sein werden. Reinhold Lexer hat für dieses Buch das Thema Mediation im Immobilienbereich aus seiner Sicht zusammengefasst.

DER IMMOBILIENMAKLER ALS MEDIATOR

Wer seine Rolle als Doppelmakler bewusst ernst nimmt, der muss sich seiner mediativen Position bei der Vermittlung von Immobilien bewusst sein. Sich in die jeweilige Position der Vertragsteile (Verkäufer und Käufer oder Vermieter und Mieter) hineindenken zu können, ist die Voraussetzung dafür. Das beginnt bereits bei der Bewertung einer Liegenschaft, die am Beginn eines Auftrages steht. Bereits zu diesem Zeitpunkt sollte sich der Makler die Sichtweise des späteren Käufers oder späteren Mieters vor Augen führen, obwohl dieser zu diesem Zeitpunkt noch gar nicht bekannt ist. Im schönsten Falle aber kennt ein erfolgreicher Immobilienmakler bereits einige potenzielle Interessenten und kann abwägen, mit welchen Konditionen am Markt zu rechnen sein wird.

Dazu kommt, dass unter mehreren Auftraggebern (Familie, Betrieb, Landwirtschaft) ein Ausgleich gefunden werden muss, um einen Auftrag abzuschließen. Nicht selten gibt es auf der Verkäufer- oder Vermieterseite bereits divergente Ansichten und scheinbar unüberbrückbare gegensätzliche Positionen.

Meinungen ermöglichen, nicht machen

Verfügen Immobilienmakler in diesem Geschäftsfeld über mediative Fähigkeiten, kann der Prozess professionell gesteuert werden. Diese koordinierenden Fähigkeiten sollen nicht Meinung machen, sondern Meinungen und Ansichten ermöglichen. Es geht um den mediativen Ausgleich zwischen den diversen Positionen. Das könnte bei der Preisfindung bereits wichtig sein, aber auch bei der Bewertungseinschätzung.

Ist der Auftrag unterfertigt und konnten Interessenten gefunden werden, dann sind vor allem respektvolle Perspektiven aufzuzeigen, die ebenfalls mediatorische Fähigkeiten verlangen. Auch auf der Käufer- und/oder Mieterseite können unterschiedliche Personen zu unterschiedlichsten Ansichten kommen und das Interesse kann auseinanderdriften. Immobilienmakler machen durch das Aufzählen der Vor- und Nachteile, einer durchdachten und begründbaren Preisgestaltung und vergleichende Angaben oft den Weg für eine gemeinsame Ankaufsentscheidung möglich. Wichtig ist, diese Entscheidung nicht vorzugeben, sondern diese gemeinsam mit den Beteiligten zu erarbeiten. Mehrere Generationen, fachlich mehr oder weniger informierte Beteiligte und emotionale Unterschiede zwischen den am Vermittlungsprozess teilnehmenden Persönlichkeiten, erfordern Einfühlungsvermögen und ein strukturiertes Vorgehen.

Mediation im Immobilienmaklerbereich ist daher in Zeiten der Überinformiertheit und der damit zusammenhängenden Verunsicherung eine wesentliche Fähigkeit, um erfolgreich Vermittlungen durchführen zu können.

Auch in anderen Immobilienberufen ist Mediation ein Schlüsselfaktor

Mediation ist der Sammelbegriff. Gute Hausverwalter waren es schon bisher: Mediatoren. Sie sind die Schlichter und ringen um Verständnis für die eine oder andere Maßnahme und erläutern unterschiedlichsten Persönlichkeiten Entscheidungen, die zu treffen waren oder sind. Unterschiedlichste Konfliktsituationen müssen beinahe täglich in den Siedlungen oder am Telefon bearbeitet werden. Auch im Bereich der Hausverwaltungen ist daher eine mediative Ausbildung mit einzelnen Modulen empfehlenswert. Jene, die bereits bisher mit natürlichem Talent und großer Erfahrung die Konflikte bearbeiteten, können sich die diversen

Prozesse bewusster machen, und jene, die erst am Anfang ihrer Tätigkeit stehen, können sich Arbeitsweisen erarbeiten, die ihnen helfen, den Alltag in der Hausverwaltung besser zu bewältigen.

Dadurch werden Konflikte vermieden oder wieder „gedämpft“ und im besten Fall gänzlich abgebaut. Dies gilt auch, gleichermaßen und im Besonderen, für die umfangreiche Arbeit eines Bauträgers.

Allgemeine Schlussfolgerung

Gelebte Neutralität und Allparteilichkeit müssen im Besonderen den Immobilienmaklern und Hausverwaltern selbst in der täglichen Arbeit bewusst sein. Geht das überhaupt? Oder ist man nicht automatisch einer Seite näher oder schlägt man sich automatisch auf die Seite jener, die die Provision zahlen oder den Auftrag erteilen?

Die Doppelmaklerschaft und die Vertretung beider Seiten sind eine hohe Kunst. Wer sie ernst nimmt, der haftet auch für beide Seiten und sollte auch von beiden honoriert werden. Ethik und Rechtschaffenheit sind die wichtigsten Voraussetzungen und Eigenschaften, die Hausverwalter, Makler und Bauträger verinnerlicht haben müssen. Die Betrachtung der Rolle der Mediatoren im Immobilienbereich ist der Grundstein für Vermittler aus Berufung.

(Quelle und Autor: Reinhard Lexer)

3. Suchmakler

Wie kann ein Makler sich heute schon auf die Veränderungen vorbereiten? Zum Beispiel, indem er tatsächlich (sic) auf Service setzt. Zwar behaupten das alle immer wieder, aber die tägliche Erfahrung der Konsumenten, die die öffentliche Meinung bilden – und das ist nun einmal eher die Masse der Mietwohnungsinteressenten – ist eine andere. Wer eine Suchanfrage bei einem Makler deponiert, bekommt, was dieser gerade im Angebot hat. Netzwerke, die über einen Datenpool verfügen und Gemeinschaftsgeschäften gegenüber positiv gestimmt sind, leiten die Anfrage eventuell weiter oder suchen im gesamten Netzwerkangebot (z.B. RE/MAX oder Immobilienring).

BEISPIEL

Ein Wiener Immobilienbüro macht es vor: Es arbeitet gerade an Kundenorientierung. Es hat einen eigenen Makler angestellt, der ausschließlich Suchanfragen nachgeht – will heißen: Er macht sich selbst auf die Suche in anderen Netzwerken wie IMABIS oder Ähnlichem. Außerdem bastelt das Unternehmen gerade daran, dem Kunden (und wir reden hier vom Suchenden!) ein Login zu geben, damit er sich über den Fortschritt bzw. die Aktivitäten des Maklers ein Bild machen kann. Endlich! Das ist Transparenz. So kann man Kunden zeigen, dass, auch wenn sich der Makler noch nicht mit dem richtigen Objekt gemeldet hat, er schon 30 durchgeackert hat, aber diese halt eben nicht dem Suchprofil entsprechen.

Das Maklerbüro geht übrigens noch weiter. Es ist Teil einer größeren Gruppe, die auch über einen potenten Abgeber verfügt. Die in der Vermittlung tätigen Makler bekommen diese Objekte allerdings nur zwei Wochen exklusiv zur Vermarktung, danach müssen sie Ametageschäfte annehmen. Für die Betreiber des Maklerbüros sind digitale Exposés eine Selbstverständlichkeit, Kundenzufriedenheitsbefragungen als After-Sales-Maßnahme ebenso. Ein weiteres Beispiel eines erfolgreichen, ausschließlichen Suchmaklers finden Sie im Kapitel Abgeberprovision.

4. Massenmakler

Es gibt Haubenlokale und es gibt den Gassenverkauf. Die einen verlangen 17 Euro für eine Suppe, die anderen ein Sechstel davon. Dafür verkaufen sie im Halbminutentakt und die Kosten der Produktion sind deutlich geringer.

Es muss nicht weniger Service geboten werden, das Zauberwort liegt in der Standardisierung. Es geht hier vielmehr darum, Konzepte zu schaffen, Systeme zu entwickeln und diese auszurollen. Massenmakler (die sich tunlichst nicht so nennen werden) werden stark technologiegetrieben und -abhängig sein. Die Massenmakler der Zukunft können auch aus der Start-up-Ecke und nicht aus dem Immobilienbereich kommen, wie ein Blick auf die Entwicklung der Proptechs recht rasch beweist. Eindeutige Leistungen, klarer Kundennutzen, überschaubare Gebühren muss das Credo lauten, egal, ob man Besichtigungsorganisationen übernimmt, indem man Studenten anstellt (nein, die Kunden wollen nicht immer einen Experten, weil sie den ohnehin nicht erwarten – siehe Imagestudien), oder einfach schnell viele Vermittlungen mithilfe von Matching-Datenbanken oder eines MLS macht.

Das Geschäft mit der breiten Masse, das wenig Umsatz pro Transaktion/Vermietung und wenig Marge bringt, aber bei dem die Summe das Kraut fett macht, bietet sich vor allem für die Vermittlung von Mietwohnungen an, die tendenziell mit weniger Aufwand verbunden ist und bei der eine hohe Preissensibilität vorherrscht. Weil sich der Kunde auch nicht das Beste vom Besten erwartet, wird der Preis selbst auch relevant für die Entscheidung bei der Auswahl des Maklers sein.

Die große Chance: Was standardisiert ist, kann skaliert werden. Ist einmal ein cleveres System kreiert, kann es – ganz anders als Makler, die sich mittels Farming spezialisieren – in mehreren Märkten eingesetzt werden, ähnlich einem Franchise- oder Lizenzsystem, wobei sich ländliche Regionen nur bedingt eignen und auch Premiumimmobilien mehr individuelles Service benötigen werden. Apropos Franchise: Sie könnten zu den großen Gewinnern der Maklerkonsolidierung gehören, ihr Management stellt die richtigen Rahmenbedingungen und Positionierungen zur Verfügung, die einzelnen Makler (-Büros) kümmern sich um die operative Arbeit. Genauso etwas braucht es in Zukunft.

Hybridmodelle

Die Massenmarktstrategie ist auch kombinierbar mit der Positionierung über eine (entsprechend große) thematische Zielgruppe. Und überhaupt: Warum nicht nach dem Speisekartenprinzip (siehe Kapitel Modulartige Provisionen) verschiedene Pakete anbieten und sich der günstigen Internetservices bedienen, etwa so: Mit Paket 1 erhält der Vermieter ein Susi-Sorglos-Paket (das hat seinen Preis), Paket 2 ist deutlich günstiger, es gibt aber keine Besichtigungen am Wochenende, die Schätzung erfolgt mittels Internettool und die Mieter werden über eine Matching-Plattform gefunden. Hybridmodelle wie diese könnten relativ viele Bereiche abdecken, hier liegt die Chance. Aber auch die Gefahr sich zu verzetteln.

Große Maklerhäuser oder kleine, die aber viel Geschäft machen, können zudem Daten sammeln. Sie sind im Zeitalter von Big Data der Rohstoff, der verkauft werden oder selbst ausgewertet als veredelte Marktstudie über Suchverhalten, Wünsche der Suchenden etc. bares Geld wert sind.

5. Premiummakler

Willkommen im Himmel! Wer bei der Vermarktung seines Objektes keine Abstriche in puncto Qualität machen will, bedient sich nicht irgendwelcher Billigplattformen. Er geht zum Schmied und nicht zum Schmiedl. Beim Premiummakler wird der Kunde auf hohem Niveau serviciert, individuelle Beratung und hoher Professionalisierungsgrad machen dieses Segment zur Businessclass im neu geordneten Maklermarkt. Da der Premiummakler ein klare Positionierung haben muss, um als glaubwürdig wahrgenommen zu werden, verfügt er über ausgezeichnete Netzwerke in den infrage kommenden Abnehmer- bzw. Abgeberkreisen – Luxusmakler leben das heute schon so vor.

Im Premiumpreis inkludierte Leistungen, die der Premiummakler anbieten kann und mit denen er mehr Verkaufspotenzial, mehr Erlös und kürzere Verkaufszeiten argumentieren kann, wären etwa:

- professionelles Fotoshooting
- Home Staging
- Google-Optimierung der Internetinhalte
- Social-Media-Bespielung
- Umfassende bzw. professionell segmentierte Inserate
- Hochglanz-Exposé
- Online-Blätter-Exposé
- Beratung bei Grundrissen, Interior und Nutzungskonzepten
- Online-Besichtigungen
- Objekt-Homepage
- State-of-the-art-Visualisierungstechnologien

All das sind im Übrigen Argumente bzw. Leistungen, mit denen heute schon Abgeber zur Zahlung einer Provision überzeugt werden können.

6. Themenführerschaft übernehmen

Was Farming geografisch bedeutet, kann auch in einzelne Themen übersetzt werden (auch das wird manchmal als Farming bezeichnet, etwa, wenn man sich auf ausgewählte Assetklassen spezialisiert). Wer Spezialist auf einem Gebiet ist, ist eine „gestandene Größe". Journalisten werden Sie anrufen, wenn es um „Ihr" Thema geht, beim Abgeber und Abnehmer verfügen Sie über enorm hohe Glaubwürdigkeit, die Akquise ist dementsprechend ein Selbstläufer. Als der Markt für Zinshaushandel in Wien schon längst besetzt war, kamen dennoch ein paar Neue daher, die sich als Spezialisten einen Namen machten. Gerhard Hudej startete 2012. Im Jahr 2015 meldete das Unternehmen ein begleitetes Transaktionsvolumen von 150 Millionen Euro. Etwas früher begann Markus Arnold sich auf das Thema zu fokussieren. 2009 gegründet, kam er 2015 auf ein Transaktionsvolumen von 180 Millionen Euro.

Die Psychologie spricht vom Evoked Set, jener Menge an Alternativen, die zum Beispiel dem Käufer spontan einfällt und aus der er dann eine auswählt. Wer ein Thema besetzt und sich ganz darauf konzentriert, sichert sich in diesem Evoked Set einen Platz ganz vorne. Gerade in Österreich sind viele Plätze und Themen noch frei. Die Ersten und Schnellsten profitieren.

Die jungen, gar nicht mehr Wilden

Wie findet man sein Thema? Zum Beispiel, indem man sich auf eine Zielgruppe spezialisiert. Studenten etwa. Die haben kein Geld? Das trifft schon lange nicht mehr zu, da braucht man sich nur die Preise von diversen neuen Studentenunterkünften ansehen, die sich jüngst aus Mangel an Core-Objekten als Assetklasse auch an Institutionelle gut verkaufen. Das großartig entwickelte Milestone von Michael Griesmayrs IC Consulting verlangt für ein Standardeinzelapartment 619 Euro im Monat plus Buchungsspesen plus Bearbeitungsgebühr plus allgemeine Schadenspauschale. Weitere kostenpflichtige Services wie WLAN-Router kommen noch dazu. Studenten sind von der Wirtschaft längst als kaufkräftige Zielgruppe entdeckt worden. Für Wohnen geben die Studiosi übrigens weitaus am meisten aus, erst dahinter kommt auf Platz zwei das Essen. Außerdem machen Studenten eine durchaus respektable Größe der Bevölkerung aus, in Wien sind es fast zehn Prozent der Gesamtbevölkerung.

Die Silbernen

Ein Blick ans altersmäßig andere Ende der demografischen Skala offenbart ebenso ordentliches Potenzial. 44 Prozent der Österreicher werden im Jahr 2030 älter als 50 Jahre sein. Diese Gruppe wird immer größer, wächst schneller als alle anderen Bevölkerungsgruppen; zusätzlich steigt die Lebenserwartung im Durchschnitt um zwei Jahre pro Jahrzehnt. Derzeit liegt sie bei 77,7 Jahren bei Männern und bei 83,1 Jahren bei Frauen. Ich weiß schon, Senioren klingen auf den ersten Blick nicht wahnsinnig spannend, aber lassen wir die Zahlen einmal beiseite, denn der Spaß beginnt bei den qualitativen Merkmalen.

Diese Gruppe bildet einen heterogenen Markt, sie hat sich in den letzten Jahren vollkommen verändert und ist bummvoll mit Lifestylevariationen. Die einen jetten um den Globus, die anderen kaufen sich einen neuen SUV, weil es diesen jetzt in ihrer Lieblingsfarbe gibt. Immobilien brauchen sie alle, und zwar vermittelt von Menschen, die ihre konkreten Bedürfnisse verstehen und sie ernst nehmen. Das geht nicht so nebenbei, sondern bedarf einer ehrlichen Auseinandersetzung mit der Zielgruppe – zum Beispiel online: „Es überrascht nicht, dass die ‚reife Generation' die neuen Medien für sich entdeckt hat", heißt es in einer Analyse von PwC und der Universität St. Gallen bereits 2006 („Generation 55+" – Chancen für Handel und Konsumgüterindustrie), „derzeit ist jeder Dritte der über 50-Jährigen in Deutschland online, in der Gruppe der 50- bis 59-Jährigen ist es bereits jeder Zweite. Gleichzeitig erfreuen sich die „Silver-Surfer" großer Beliebtheit bei den Onlineanbietern, die von deutlich weniger Kaufabbrüchen profitieren und ihre neuen Kunden in puncto „Bezahlen" als die unkomplizierteren Kunden wertzuschätzen wissen." Neuere Daten einer Studie des Telekom-Anbieters A1 besagen, dass nur mehr ein Drittel der „Senioren" Internetmuffel seien und 24 Prozent sich sogar als mobile Internetuser bezeichnen, das war allerdings auch schon wieder zwei Jahre her.

Der größte Fehler wäre, alle Älteren in einen Topf zu schmeißen. Es wurden bereits zahlreiche Segmentierungsmodelle für die Silver Society entworfen, Fessel-GfK unterscheidet zum Beispiel die Flotten, die Zufriedenen, die Neugierigen, die Zurückgezogenen. Je nach Segment sind die herkömmlichen Fragen der Immobilienvermarktung anders zu beantworten: Welchen Standort wollen diese Menschen haben? Wie spricht man sie richtig an (der

Seniorentellereffekt beschreibt etwa den Fehler, die Zielgruppe zu unterschätzen, zum Beispiel indem man sie direkt mit „Seniorenimmobilien" anspricht. Selbst der Ausdruck „50plus" wird nicht goutiert)? Auf welche Werbung spricht sie an und wie muss diese gestaltet sein? Welche Argumente ziehen, welche nicht? Welche neuen Wohnformen abseits des Altersheims gibt es (Senioren-WGs, Generationenwohnen etc.)? Wie ist das Exposé zu gestalten, worauf ist bei der Besichtigung zu achten? Während bei der „jüngeren" Zielgruppe 3D-Anmiationen ziehen, sind das Raumverständnis und die Vorstellungskraft bei älteren Menschen schon eher eingeschränkt. Die komplette Promotionpalette kann neu erfunden werden: Veranstaltungen mit seniorenspezifischen Themen, redaktionelle Beiträge als PR, das Kundeservice in der Kanzlei, Kooperationen mit Seniorenvereinen und der Kommune (!), die Bildsprache der Fotos (60-Jährige wollen heutzutage nicht als Dinosaurier dargestellt werden, fühlen sich aber auch durch den Kakao gezogen, wenn man sie als romantisch springendes Pärchen am Strand abbildet), die Sprache muss angepasst werden und Fremdwörter und Anglizismen sollten vermieden werden und, und, und … Ein großes, unbeackertes Feld für Immobilienmakler, das, wenn es authentisch bearbeitet wird, Premiumerträge ermöglicht. Stimmen Faktoren wie Zufriedenheit, Emotion, Nutzen und Service, hat dieses Segment nämlich eine geringere Preissensibilität.

Als Abgeber

Und weil ja jeder Makler nach Objekten Ausschau hält – bitteschön, auch hier punktet diese Gruppe. „Eltern wollen das Haus, nachdem die Kinder ausgezogen sind, verkaufen und selbst in eine kleinere, vielleicht auch altersgerechtere Wohnung ziehen", so Georg Spiegelfeld. Die frei werdenden Häuser stehen dann für den Markt bereit. Senioren sind also auch als Abgeber interessant. Spiegelfeld: „In den nächsten Jahren werden in Wien und naher Umgebung verstärkt Villen auf den Markt kommen." Die derzeitigen Besitzer würden auch oft von den Kindern, die woanders leben, angeleitet, die Objekte zu verkaufen, weil keiner von ihnen für die bei Villen doch recht aufwendigen Erhaltungs- und Sanierungskosten aufkommen möchte. Für diese luxuriösen Objekte muss der Makler allerdings schon über ein gutes Abnehmernetzwerk verfügen, denn hier gibt es laut Spiegelfeld ein sehr großes Angebot, das sich nicht im Gleichklang mit der Nachfrage befinde. Die Rede ist vom Bereich der vier Millionen Euro.

Die Themenspezialisten

Eigene Internetplattformen zur Suche von Kurzzeitwohnungen haben den Trend schon längst angekündigt, Bauträger und Investoren eilen eifrig hinterher. Fakt ist: Kleinstwohnungen und temporäres Wohnen in Boarding Häusern oder servicierten Apartments werden in Ballungsräumen immer beliebter. Werden die Apartments gewerblich betrieben, bleibt der Makler meist außen vor. Warum? Einerseits weil auch hier sicherlich versucht wird, direkt den Kunden anzusprechen, andererseits aber auch, weil es (noch) keinen Spezialisten hierfür gibt. Gleiches gilt für Paare ohne Kinder (double income no kids) bzw. Singles, deren Nachfrage nach Wohnungen laut einer Maklerbefragung des Immobilienrings im Osten Österreich ohnehin hoch ist und die sich im Westen innerhalb eines Jahres verdoppelt hat.

Ähnliches gilt für technisch raffiniertere Behausungen. Das Wort Smart Home klingt schon so ausgelutscht, aber welcher Makler hat denn schon den Überblick über die bewährten Fingerprint-Zutrittssysteme und Lieferboxen für Lebensmittel? Beratung in dem Bereich ist Service pur! Und nochmals: Das Geld muss ja nicht unbedingt vom Mieter/Käufer kommen, es kann auch der Bauträger zahlen, der für handfeste Informationen, was denn nun funktioniert und was nicht, gerne ein Beratungshonorar zahlt.

Es gibt noch zahlreiche Themen und Zielgruppen, die heute nicht bedient werden. Wer ist der unangefochtene Familienmakler? Wer ist der Experte für wirtschaftlich heiklere Zusammenhänge, etwa wenn es ums Leasing einer Küche geht – oder der Fenster, wie es Unternehmen wie Schüco nach dem vom Nachhaltigkeitsexperten Michael Braungart benannten Cradle-to-Cradle-Prinzip bereits macht?

E. Marketing denken, Marketing leben

Auf der Website immobranche.at gibt es eine Aus- und Weiterbildungsdatenbank, Anbieter können hier kostenlos ihre Kurse und Seminare für die Immobilienwirtschaft eintragen. Dabei kann der Eintragende auch ankreuzen, in welches Themengebiet die Weiterbildung fällt. Es ist doch verwunderlich, dass bei Kursen, die ganz klar für Immobilienmakler gedacht sind, das Thema „Marketing“ nur ganz selten angehakt wird. Ja bitte, was ist denn Immobilienvermittlung sonst? Verzeihen Sie, wenn ich Ihnen jetzt mit so einem Typen wie Philip Kotler daherkomme. Seine 4Ps sind solche Klassiker, dass Sie jedem und Ihnen sicher auch schon bei den Ohren rausstauben. Ich ersetze in seiner klassischen Definitionen von Marketing nur eben dieses Wort durch Immobilienvermittlung:

„Immobilienvermittlung is getting the right product or service to the right people (target market), at the right time, at the right place, at the right price, with the right partners, plus right communication, promotion and presentation.“ Fühlt sich richtig an, oder?

Der Ansatz unterscheidet sich aber dennoch von dem derzeitigen plumpen Adresshandel. Christian Hrdliczka erklärt das so: „Makler müssen ihren Fokus weg vom Dogma, die Immobilie ist das Wichtigste, hin zur einzig richtigen Philosophie lenken: dem Kunden, der im Mittelpunkt steht. Wir müssen unser Denken und Handeln dem Interesse und den Erwartungen der Kunden anpassen und nicht danach handeln, was uns allein gefällt, und andere haben sich daran zu richten.“

Wer sich konsequent am Kunden orientieren will, dem hilft es zu wissen, was der Kunde eigentlich will. Aufschluss darüber gibt eine Befragung der österreichischen Bevölkerung im Auftrag von ImmobilienScout24, durchgeführt von marktetagent.com.

Kundenwünsche	
	%
Bei Miete/Kauf - Aufrichtige Information zum betreffenden Objekt	78,6
Bei Miete/Kauf - Detaillierte Angaben zu den Nebenkosten	74,8
Bei Miete/Kauf - Detailliertes Wissen zum betreffenden Objekt	69,2
Bei Verkauf/Vermietung - Faire Beratung bei erzielbarem/-n Kaufpreis/Mietkosten	68,8
Pünktlichkeit bei den Terminen	65,8
Detaillierte Beratung zu rechtlichen Angelegenheiten (Grundbucheintrag, Mietrecht etc.)	65
Bei Verkauf/Vermietung - Gute Kenntnis der Marktsituation in meinem Bereich	59,2
Rasche Antworten telefonisch oder per E-Mail	57,2

Bei Miete/Kauf - Produktives Anbieten von in Frage kommenden Objekten	46,6
Bei Verkauf/Vermietung - Unterstützung beim „Attraktivmachen" meines Objektes	46,4
Tipps zu finanziellen Angelegenheiten bezüglich des Kaufs/Verkaufs (Kredit, Steuern etc.)	46
Bei Verkauf/Vermietung - Aktive Gestaltung der Inserate (Fotos, Text etc.)	40,8
Regelmäßigen produktiven Kontakt	28,6

Legende: Antworten auf die Fragestellung: Stellen Sie sich bitte vor, Sie möchten eine Immobilie kaufen/mieten bzw. verkaufen/vermieten und sind deshalb mit einem Immobilienmakler in Kontakt. Was würden Sie sich in dieser Situation von einem Immobilienmakler wünschen, wie wichtig wären Ihnen die folgenden Aspekte?

Die Prozent-Angaben beziehen sich auf den Anteil, der die Punkte mit „sehr wichtig" eingestuft hat.

1. Spezialist für Besichtigungen

Das sollten Makler in Zukunft berücksichtigen: Die einzelnen Funktionen des ursprünglichen Maklerberufs dröseln sich auf, in Zukunft wird es Anbieter einzelner Services geben. Was heißt in Zukunft? Jetzt schon! In Deutschland gibt es bereits „Besichtiger", also Menschen, die ausschließlich ausgelagerte Besichtigungen durchführen. Das kann zur Bewertung des Objekts der Fall sein (etwa für Banken oder Eigentümer) oder auch im Vermarktungsprozess. Bei Letzterem bleibt weniger Gage für den Makler, aber wer sagt, dass er das selbst machen muss? Hier wird eine Agentur punkten, die entsprechend geschultes, auf den Kundenwunsch eingehendes Personal bereitstellen kann. Sie kann den Abgeber genauso betreuen wie andere Makler, die sich diese Dienstleistung ersparen (werden müssen). Jedenfalls ist dieses Berufsbild ein Spezialist für die Aufbereitung der Wohnung, verfügt über Kontakte zu Home Staging (simpel bis advanced), zu Innenarchitekten und allen anderen Einheiten, die ein emotionales Raumgefühl positiv beeinflussen können, und für Fragen bezüglich Gebäudesubstanz, Umbau etc.

Aktuellen Recherchen zufolge lässt sich von diesem neuen Berufsbild in Deutschland jedenfalls so gut leben, dass Einzelanbieter von Besichtigungen, also Einpersonenunternehmen, sich schon voll auf diese Tätigkeit spezialisiert haben und davon leben können.

2. Home Staging

Home Staging ist nichts Exotisches mehr. „Der heimische Immobilienmarkt war vor fünf Jahren noch davon zu überzeugen – mittlerweile haben wir einen treuen Kundenstamm aufgebaut, der von der Kraft der Visualisierung einer Immobilie überzeugt ist", meint Yvonne Werginz, Gründerin der WOHN.FEE. Man kennt es, und das Beste: Haben Sie schon jemals einen Konsumenten gehört, der sich darüber aufgeregt hätte? Ich nicht, keinen einzigen. Offensichtlich kommt es an, die Objekte mit etwas Leben zu füllen und die Fantasie im Kopf der potenziellen Mieter oder Käufer zu wecken. Aber die Kosten! Na ja, die halten sich in Grenzen. Wenn ein Makler sein Büro halbwegs straff organisiert, gehen sich Inserate, ordentliche Fotos und auch das Staging aus.

„Die Vermarktungszeit der solcherart präsentierten Immobilien reduziert sich nachweislich um die Hälfte", heißt es bei WOHN.FEE.

Makler, die gute Kontakte zu unterschiedlichen Stagern unterhalten, wer am Markt dafür bekannt ist, Wohnungen auch aufzupeppen, bevor er sie fotografiert, filmt etc., der hat einen Wettbewerbsvorteil und eine Position. Nur wer mit so einer (oder einer anderen) Haltung verortet werden kann, wird zur Marke am Maklermarkt und schafft sich somit eine stete Einkommensquelle.

Ein großes Immobilienunternehmen, das streng unter Beobachtung steht, weil es eine Tochter der österreichischen Nationalbank ist, ist von der Sinnhaftigkeit der „Mehrkosten" von Home Staging überzeugt:

BEISPIEL IG IMMOBILIEN

Dass die Anbieter dieses Services dafür plädieren, ist logisch. Aber was sagen Eigentümer über Home Staging? IG Immobilien setzt immer wieder auf dieses Vermarktungstool. Was es bringt und was es wirklich kostet, verrät IG Immobilien in diesem Interview.

Seit wann setzen Sie Home Staging ein?

IG Immobilien: IG Immobilien setzt seit vier Jahren auf Home Staging als Vermarktungsmaßnahme – also seit 2012.

Warum? Gibt es einen Erfahrungswert, was es bringt – kann man Wohnungen besser verkaufen/vermieten? Teurer?

IG Immobilien: Wir haben die Erfahrung gemacht, dass es sich mit Home Staging schneller vermieten/verkaufen lässt – teurer wahrscheinlich nicht. Interessenten können sich mittels Home Staging ein besseres Bild von der Raumaufteilung der Wohnung machen und erhalten zusätzlich trendige Ideen und Anregungen für ihr zukünftiges Heim. Wir haben auch schon Wohnungen inklusive Einrichtung vermietet.

Wohnimmobilien sind eine sehr emotionale Angelegenheit. Mittels Home Staging versuchen wir das Potenzial eines Objektes anschaulich zu vermitteln. Ziel ist aber nicht die reine Dekoration – vielmehr gilt es darum, den besonderen Charakter eines Raums zu erfassen und zur Geltung zu bringen. So sind die Interessenten besser in der Lage, sich die Wohnung als ihr zukünftiges Heim vorzustellen und die Proportionen richtig einzuschätzen.

Was kostet Home Staging?

IG Immobilien: Wir sehen Home Staging als eine Win-win-Situation. Der Interessent erhält eine wesentliche Entscheidungsunterstützung und wir vermieten unsere Objekte dadurch deutlich schneller.

Im Schnitt kann man für eine 70-m^2-Wohnung mit zwei gestagten Zimmern, Küche und Sanitärbereich rund 3.000 Euro rechnen, bei einer Möbelmietdauer von drei Monaten. (Es kommt aber natürlich auch auf die Anzahl der gestagten Räume sowie auf die ausgesuchten Möbel und Accessoires an.)

Bei welchen Wohnungen kommt Home Staging zum Einsatz?

IG Immobilien: Unser Fokus liegt hier vor allem auf unseren hochwertigen Mietobjekten, die wir mittels Home Staging noch gezielter in Szene setzen und somit die Qualität der Immobilie unterstreichen können.

In unseren größeren Wohnhausanlagen wie dem „OrchideenPark" im 19. Bezirk, der Campus Lodge im zweiten Bezirk in Wien und auch in unserem jüngsten Projekt, dem GARTENPARK am kleinen Anninger in Mödling, haben wir stets eine Musterwohnung gestagt, die den Interessenten vermittelt, wie ihr zukünftiges Zuhause aussehen könnte.

Nur 20 Prozent der Menschen können sich die spätere Einrichtung auch vorstellen, behauptet WOHN.FEE. Über 180 Immobilien haben die WOHN.FEEN in den letzten fünf Jahren „gestaged“, jede Preislage und Größe war dabei. Hauptkunden seien nach wie vor Bauträger, die schon am Beginn der Vermarktung auf Home Staging setzen.

F. Digitale Strategien und Maßnahmen (Jan Königstätter)

Was ist eigentlich wichtig auf einer Website? Müssen Videos darauf sein, um die Emotion des Wohnens zu verkaufen, oder ist die Geschwindigkeit der Seite wichtig? Kurzantwort: Das Onlinekonzept muss sich ganz nach dem Gesamtauftreten und der Strategie des Maklers richten. Ein Makler, der sich spezialisiert, muss seine Zielgruppe dort abholen, wo sie sich befindet. Käufer von Häusern mit sechs Zimmern ticken anders und erwarten auch etwas anderes als junge Studenten.

Eine digitale Strategie zu erarbeiten zählt zu den wesentlichen Aufgaben eines Maklers, der in Zukunft bestehen und Erfolg haben will. Die digitale Strategie legt fest, welche Ziele verfolgt und welche Aktivitäten auf welchen (digitalen) Kanälen umgesetzt werden sollen.

Hier zählt zum Beispiel dazu, was ein Makler auf Facebook und Co. publizieren soll, wie er mit Xing und LinkedIn umgeht, welche Inhalte seine Website haben muss und ob er Onlinewerbung schaltet oder nicht. Am Ende dieses Prozesses kann man auch zu dem Schluss kommen, keine digitalen Maßnahmen setzen zu wollen – auch das ist eine Strategie. Dass sie die richtige ist, darf angesichts der in diesem Buch bereits beschriebenen Veränderungsprozesse bezweifelt werden.

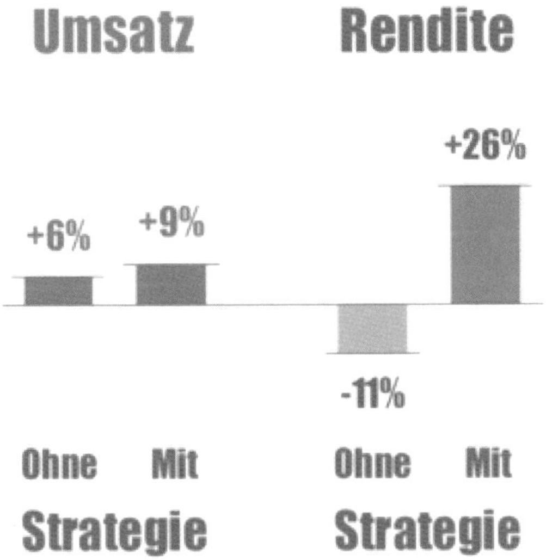

Digitalisierung führt ohne Strategie zu weniger Rentabilität. Quelle: MIT Sloan Institute 2013

Wichtig ist: Alle Maßnahmen im Marketing und in der Kommunikation leiten sich immer aus der Unternehmensstrategie ab. Wenn es Erstere nicht gibt, ist ohnehin Hopfen und Malz verloren, denn dann treibt das Unternehmen vor sich hin wie ein Holzkahn ohne Motor im Ozean. Dieses Kapitel widmet sich den wichtigsten Eckpfeilern der Erstellung einer digitalen Strategie, es erklärt wichtige Grundbegriffe und begleitet Sie beim Erarbeiten Ihrer individuellen digitalen Strategie mit Informationen zu den Möglichkeiten, die das Internet Maklern aktuell bietet.

Digitale Strategie

Wie kommt man nun zu einer digitalen Strategie? Zuallererst: Keine Sorge, auch das Internet ist kein magisches Teufelszeug, sondern ein Medium, dessen Funktionen und Spielregeln erlernbar sind. Sehr schnell findet man Antworten auf Fragen in Tutorials, in praktischen Youtube-Videos oder in Foren. Hilfreich hierfür – und für die gesamte Etablierung einer digitalen Strategie – ist eine offene Einstellung: Betrachten und nutzen Sie die neuen

Medien als Hilfe für Ihr Geschäft, beschäftigen Sie sich mit Neuerungen in diesem Gebiet. Und: Erkennen Sie das Potenzial der unterschiedlichen Onlinekanäle, die Ihnen gezielte (Produkt-, Marken- etc.) Kommunikation und neue Werbeformen ermöglichen. Schon bald werden Sie merken, dass Sie Sprache und Mechanik des WWW verstehen – und dass es ganz schön Spaß macht, da mitzumischen.

Das Finden einer Strategie für das WWW und Co. folgt vorerst den gleichen Prinzipien wie jenen der Offlinestrategien:

1. Marketingziele definieren
2. Zielgruppe definieren (z.B. Mieter und Abgeber im Westen von Wien)
3. Ziele der Kommunikation festlegen (Expertise und Kompetenz im Mietwohnungsmarkt beweisen, Gewinnung neuer Mitarbeiter, gezielte Kundenkommunikation …)
4. Kommunikationsbotschaft definieren (Nutzen für potenzielle Kunden vermitteln)
5. Marketinginstrumente festlegen (Newsletter, Inserate, Website, Plattformen/Inserate, Social Media …)
6. Budget festlegen

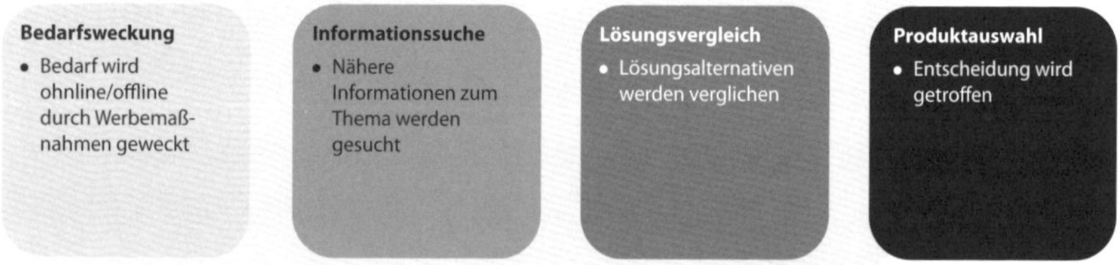

In jeder Phase – also auch schon vor der konkreten Immobiliensuche – kann der Kunde erreicht werden, daher sind auch für jeden Abschnitt Inhalte nötig. Gezielte Werbung ist auch für die einzelnen Phasen möglich.

Digitale Kanäle im Vermarktungsprozess

Wie kann der Kunde oder Interessent grundsätzlich erreicht werden? Praktisch für diese Überlegung ist die Aufteilung in einzelne Kanäle: Unter „Owned Properties" (eigene Kanäle) versteht man jene Kommunikationsmöglichkeiten, die der Makler unter seiner eigenen Kontrolle hat, beispielsweise die Homepage, eigene Apps, Newsletter etc. Weitere Kontaktmöglichkeiten kann er sich erkaufen (Paid Properties, also bezahlte Kanäle), Immobilienportale, Banner, Advertorials etc. Unter Earned Media (erarbeitete Kanäle) versteht man Präsenz, die man sich ohne Bezahlung „erarbeitet" hat und durch die man seinen Kompetenzstatus beweisen kann. Infrage kommen hierfür also Interviews, Gastbeiträge, Expertenstatements, Blogbeiträge etc. Und schließlich stehen einem noch die sozialen Medien als Kommunikationskanal offen (Facebook, Xing, LinkedIn …)

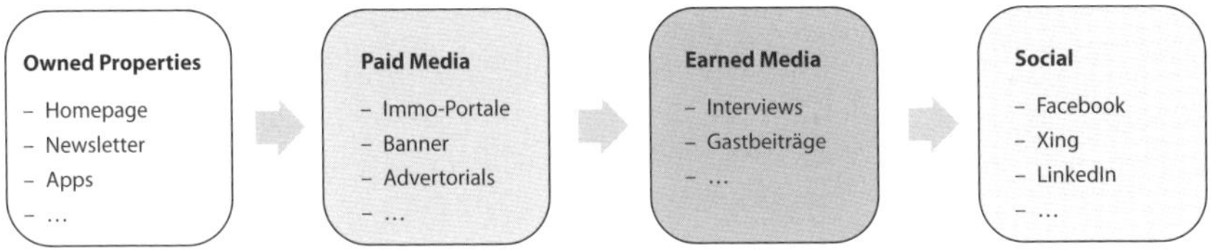

1. Owned Properties

a) Website

Ganz wesentlich: Owned Properties sind jene Bausteine, die dem Maklerbüro nie weggenommen werden und die immer selbst kontrolliert werden können. Sie werden selbst verwaltet und mit Inhalten befüllt, die Gestaltung und die Frequenz der Veröffentlichungen werden selbst bestimmt. Daher sollte die eigene Homepage eine zentrale Rolle in der langfristigen Ausrichtung der Kommunikation spielen. Sie ist die digitale Visitenkarte und sollte demnach auch immer vorrangig als Adresse bekannt gegeben werden (und nicht etwa die Facebookseite oder andere Onlineverortungen). Die Hompage bleibt auch dann noch aktuell, wenn andere Plattformen vielleicht nicht mehr existieren, man denke nur an Myspace, SMS.at, U-Boot …

Als regionaler oder thematisch spezialisierter Makler kann es Sinn machen, seine eigene Website insofern in den Mittelpunkt aller Onlineaktivitäten zu stellen, dass sie voll hilfreicher Tipps, Preistabellen, Serviceempfehlungen etc. ist, also quasi zur unumgänglichen Navigationshilfe bei der Suche wird und den potenziellen Kunden und „Antwortsuchenden“ tatsächlich Mehrwert bietet. Fast die Hälfte der Immobilienmakler greift derzeit auf fertige Websitebaukästen von Plattformen oder Maklersoftware zurück. Wenn es ihren Zweck erfüllt: toll. Wenn nicht: voll daneben. Wer ein bisschen recherchiert, findet sogar Wordpress Plugins für Immobilienvermittlung, mit WP-ImmoMakler lassen sich zum Beispiel alle Objekte aus der Maklersoftware heraus verwalten. Der Rest der Website kann nach den eigenen Vorstellungen bzw. dem eigenen Bedarf gestaltet werden.

Die wesentlichen Anfragen von Kunden, die Immobilien kaufen/mieten oder verkaufen/vermieten wollen, kommen erfahrungsgemäß aus zwei Quellen, nämlich von der eigenen Homepage und aus fremden Portalen (Marktplätzen). Die folgenden Grafiken zeigen, dass unterschiedliche Strategien zum Erfolg führen können. Mittels similarweb.com können Sie kostenfrei analysieren, woher die Besucher auf Ihrer bzw. auch auf anderen Websites kommen (funktioniert aber nur ab einer gewissen Seitengröße). Wenn Besucher aus sehr unterschiedlichen Quellen kommen, ist das im Sinne einer „Risikostreuung“ an sich gut.

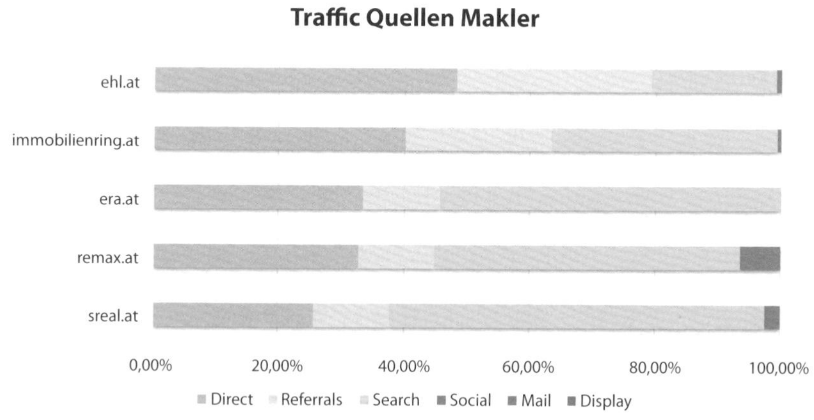

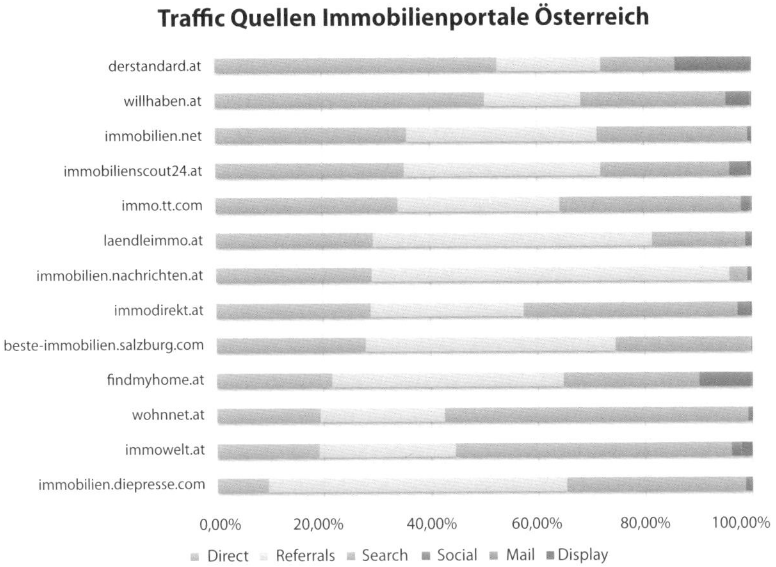

Quelle: similarweb.com, Erhebung: Mai 2016 durch Otago.

Geschwindigkeit und Mobil

Viele Menschen nutzen das Smartphone heute für wesentlich mehr als nur zum Telefonieren und Verschicken von Nachrichten. Onlinebanking, Social Media und auch Immobiliensuche findet mobil und zu jeder Zeit statt.

Beim Immobilienerwerb spielen deshalb mobile Lösungen eine wesentliche Rolle. „72 Prozent der befragten Internetnutzer setzen beim Immobilienkauf auf einen Mix aus Offlineberatung und Onlinerecherche. Ein Viertel greift dafür auch zum Smartphone. Es bietet mehr als der Hälfte von ihnen besonders zu Beginn des Kaufprozesses erste Anregungen sowie eine grobe Orientierung im Immobilienmarkt“, heißt es in einer von TNS Infratest durchgeführten Umfrage im Auftrag von Google Deutschland (Stand: 2015).

Und die Makler? Die sind noch nicht wirklich auf Smartphones eingestellt. Gerade einmal elf Prozent der österreichischen Immobilienwebsites performen mobil sehr gut, fanden wir bei Otago Online Consulting im April 2015 heraus. Dieses Ergebnis deckt sich im Übrigen mit einer Studie von OMNI Makler, die feststellte, dass nur zehn Prozent der deutschen Makler eine mobil kompatible Seite haben.

Bei der Otago-Untersuchung wurden 1.045 Immobilien-URLs aus Österreich aus 2014/15 recherchiert und ausgewertet. Das Ergebnis hat gezeigt, dass bei Websites von Maklern und Bauträgern gerade in der mobilen Darstellung noch Aufholbedarf herrscht. Dabei geht es nicht allein ums Optische, sondern vor allem auch um die Geschwindigkeit. Diese ist für Google ein wichtiges Merkmal für die Platzierung, weil langsame Websites nicht nur aufwendiger für die Google-Suchmaschine zu erfassen sind, sondern weil sie zusätzlich eine sehr schlechte Nutzererfahrung bieten: 14 Prozent der Besucher gehen auf andere Seiten, wenn die besuchte Seite zu langsam ist, 23 Prozent brechen den Vorgang ab – unvorteilhaft, wenn man Wohnungen verkaufen will, denn die Seite wurde vom Besucher wahrscheinlich schon mit einem gewissen Kaufinteresse aufgerufen. Amazon hat übrigens einmal festgestellt, dass ± 100 Millisekunden Seitengeschwindigkeit ± 1 Prozent Verkäufe bedeuten.

Was jene, die nicht so schnell abgeschnitten haben, besser machen können? Nicht immer geht es um aufwendige Änderungen. Selbst einfache Maßnahmen, wie Bilder in einem optimierten Format abzuspeichern, können bei vielen Seiten schon eine wesentliche Verbesserung in der Geschwindigkeit bringen!

Zum Stichwort „Usability“: Die meisten werden die Ungeduld kennen, die auftritt, wenn eine Website ewig lange braucht, um fertig zu laden. Dabei gibt es sehr simple Anforderungen, um gute Nutzerfreundlichkeit zu schaffen: Die Website muss schnell laden, mobil gut lesbar und einfach zu bedienen sein, um die Besucher zu halten.

CHECKLISTE FÜR DIE MOBILE BENUTZBARKEIT

- → Größe von Links und Schaltflächen entsprechend anpassen
- → Möglichst keine Plug-ins verwenden
- → Gut lesbare Schriftgrößen verwenden
- → Horizontales Scrollen vermeiden
- → Geschwindigkeit optimieren (z.B. durch das Komprimieren von Bildern)

Ein weiteres Stichwort ist hier „responsive design“ – darunter versteht man ein sich an das Endgerät anpassendes, darauf „reagierendes“ Design. Die

Website erkennt also, mit welchem Gerät (Laptop, Smartphone, Tablet etc.) sie aufgerufen wird, und zeigt sich mit all ihren Elementen in der passenden Größe. Dies ist eine weitere und beliebte Möglichkeit, die mobile Darstellung sicherzustellen.

Die Geschwindigkeit Ihrer Website kann kostenlos unter https://developers.google.com/speed/pagespeed/insights/ getestet werden.

b) Newsletter

Das bei Weitem unterschätzteste Mittel, vor allem wenn es darum geht, im Bewusstsein der Kunden zu bleiben, ist der Newsletter. Er muss bzw. soll gar nicht zu häufig ausgesandt werden, auch hier gilt: Qualität vor Quantität. Diese Maßnahme eignet sich besonders zur Weiterempfehlungen sowie zur Objektakquise. Zwei- bis viermal im Jahr ein Newsletter mit für den Empfänger interessanten Themen bzw. mit Kompetenzbeweisen des Absenders reicht vollauf – der Newsletter sollte eher Ratgebercharakter haben. Voraussetzung hierfür ist eine permanent gepflegte Datenbank, in der die Adressen nach Segmenten (z.B. Vermieter, Käufer einer Villa, Käufer 3-Zimmer-Wohnung …) geordnet sind. Die Datenbank gewinnt über die Jahre an Wert und sollte zumindest an das CRM angebunden sein. So können Sie für die jeweils gewählte Zielgruppe individuelle Themen versenden oder ein breites Themenspektrum in einem gemeinsamen Newsletter präsentieren.

Praktisch bei den Versandprogrammen ist die Möglichkeit, die Mailings zu analysieren und so Rückschlüsse auf die Relevanz der Inhalte zu ziehen. Auf Knopfdruck erfährt man, wie viele Personen den Newsletter geöffnet haben, und welche Inhalte angeklickt wurden. Achtung! Gehen Sie nicht fahrlässig mit Abmeldungen um! Wer den Newsletter nicht erhalten will, muss aus Ihrer Datenbank gelöscht werden.

CHECKLISTE

- Der Betreff sollte Interesse wecken und nicht zu lange sein (sehr wichtig, damit das Mail überhaupt geöffnet wird).
- Der Absender sollte durch die Absendeadresse für die Abonnenten klar sein.
- Viele Mail-Systeme bieten eine Voransicht, die ersten Zeilen des Mails sind deshalb besonders wichtig.

- Struktur im Newsletter ist besonders wichtig – oft wird der Inhalt nur anhand der Überschriften und, falls vorhanden, nach einer Zusammenfassung am Anfang überflogen und als (nicht) „lesenswert“ eingestuft.
- Sehr empfehlenswert ist es, die Empfänger zu gruppieren und demensprechend den Inhalt zu erstellen (ehemalige Kunden [Mieter/ Käufer/Gewerbe], Interessenten ...).
- Lesen Sie Antworten auf den Newsletter – oft werden statt Abmeldungen auch Fragen an die Versendeadresse geschickt.
- Immer vor dem Versenden ein Testmail an die eigene Adresse senden! Darstellungsfehler oder fehlerhaft gesetzte Links sind sehr häufig und peinlich.
- Professionelle Newsletter-Tools sparen Zeit und verbessern die Versandrate. Anbieter z.B.: Mailchimp, CleverReach, GetResponse, Newsletter2Go ...). Für kleinere Abonnentenzahlen gibt es oft kostenlose Angebote.
- Probieren Sie unbedingt aus, wie Ihr Newsletter am Handy dargestellt wird – viele E-Mails werden nur mobil gelesen.
- Empfehlung: Responsive Design (Darstellung passt sich automatisch an die Bildschirmgröße an).
- Inhalte doppelt nutzen: Haben Sie einen guten Beitrag auf Ihrer Homepage verwendet, bewerben Sie diesen im Newsletter.
- Fremde Inhalte nutzen: Ein Newsletter hat auch einen hohen Mehrwert, wenn er Informationen von verschiedenen Seiten bündelt (Beispiel: Verlinkung auf einen für Vermieter relevanten Rechtsartikel).
- Massen-E-Mail (mehr als 50 Empfänger) oder E-Mails, die zu Zwecken der Direktwerbung (Werbe-E-Mail) versendet werden, bedürfen grundsätzlich der vorherigen Zustimmung des Empfängers (z.B. aktives Eintragen in die Mailingliste, Anmeldung für den Newsletter etc.).
- Die Zustimmung ist an keine Form gebunden, sollte aber unbedingt nachweisbar sein. Online ist ein double opt-in empfohlen (nach dem Eintragen ein Bestätigungs-Mail).
- Abmeldungen sind unbedingt zu befolgen!
- Abmeldeinformationen und Link auf das Impressum gehören in einen Newsletter – eigene Kontaktdaten nicht vergessen!

2. Paid Properties

Portale stellen einen der wichtigsten Absatzkanäle dar. Auch in ihnen ist es wichtig, rasch gefunden zu werden und unter den ersten Treffern zu erscheinen. Deshalb ist es erforderlich, die Logik zu verstehen, nach der das jeweils benutzte Portal die Objekte reiht. Wer hier Optimierungsmöglichkeiten für sich findet, der kann in der Folge auch mehr Anfragen erreichen. Wem das zu mühsam ist, kann sich bei den meisten Portalen Vorreihungen auch einfach kaufen. Diese Maßnahme bietet eine Möglichkeit, sich für ein spezielles Gebiet zu positionieren – indem man etwa alle seine eingespeisten Objekte in der Region X vorreihen lässt.

Wie kann ich Portale optimal nutzen?

Worauf man beim Immobilieninserat achten sollte:

- Fotos – besonders das Bild in der Listenansicht ist sehr wichtig, Bad und Küche sollten immer auch als Foto abgebildet sein
- Überschrift – kurz, Fokus auf den Vorteilen, z.B. „Altbauwohnung mit Balkon im Zentrum"
- Grundriss – erspart auch nutzlose Termine vor Ort
- Möglichst alle Informationen (Balkon, Lift usw.) auch strukturiert angeben, damit die Inserate auch bei Filterungen angezeigt werden
- Informativer Beschreibungstext – kein Roman, aber dafür wichtige Informationen zum Objekt und zur Umgebung
- Bezeichnungen von Regionen, die nicht dem klassischen Schema entsprechen, sollten auch im Text bzw. Titel erwähnt werden, weil das Inserat dann auch über Google von den Suchenden leichter und direkt gefunden werden kann. Beispiel: „Wohnung am Karmelitermarkt". Auch besondere Eigenschaften, die nicht mit den vom Portal vorgegebenen Filtern/Kategorien erfasst werden können, sollten explizit im Text stehen, damit sie mit der Volltextsuche erkannt werden. Zum Beispiel: „Weinkeller" oder „behindertengerecht".
- Falls provisionsfrei, unbedingt im Titel erwähnen

Remarketing

Remarketing sei hier noch kurz erwähnt. Das Internet bietet die Möglichkeit, Menschen, die eine Website schon einmal besucht (und so ihr Interesse ausgedrückt) haben, weiterzuverfolgen und wieder zu erreichen. Das geht so: Ein Besucher kommt auf die eigene Maklerseite, wodurch es möglich wird, den Besucher danach auf anderen fremden Seiten zielgenau mit Werbung zu bespielen. Sie kennen das sicher: Sie sehen sich in einem Webshop ein Produkt an und in den folgenden Tagen sehen Sie das Produkt in Anzeigen auf allen möglichen anderen Websites (die im sogenannten Google Display Netzwerk dabei sind). Diese Möglichkeit können Sie als Makler auch nutzen!

Das kann besonders für Abgeber interessant sein, oder auch für alle, die sich etwa einmal auf der Maklerseite über Inhalte wie „Tipps zum Kauf" etc. informiert haben. Remarketing bietet sich auch für Bauprojekte an, um im Bewusstsein des potenziellen Kunden zu bleiben.

Quelle: http://constantclicks.com.au/remarketing/

3. Earned Media

Die Mechanismen, mit denen man sich Beiträge etc. „erarbeitet", sind in der digitalen Welt ähnlich wie in jener der klassischen PR. Welche Möglichkeiten und Gelegenheiten gibt es, sich als Experte im Internet zu positionieren?

Hier bieten sich zum Beispiel Interviews, Gastbeiträge und auch (analoge) Buchbeiträge an. Außerdem ist natürlich Berichterstattung über sich selbst bzw. das eigene Unternehmen (Stichwort: Unternehmens-PR) vorteilhaft. Hierbei ist es oft vorteilhaft, eher die Person als das Unternehmen in den Vordergrund zu stellen, da sie großen Wiedererkennungswert hat.

Aber wie kommt man zu Interviews, Gastbeiträgen etc.? Der simpelste Weg ist: Fragen Sie danach! Präsentieren Sie einen guten Aufhänger und bieten Sie aktiv Ihre Expertise an. Netzwerke, das Pflegen von Kontakten und das Finden spannender Kooperationspartner ist ebenfalls eine Möglichkeit, präsent zu bleiben.

Der Vorteil am Thema Immobilien ist: Jeder beschäftigt sich früher oder später mit dem Thema Wohnen und jeder hat Fragen dazu. Das Thema bleibt also immer interessant, es gibt immer Geschichten zu erzählen. Sie als Experte haben Geschichten und die passenden Antworten parat.

Oft funktioniert das nach dem Schneeballsystem: Je öfter Sie online genannt werden, umso eher werden Sie wieder als Experte angefragt oder wird Ihr Content wieder geteilt.

Ein Tipp: Schauen Sie über den Tellerrand und denken Sie auch an thematisch angrenzende Medien. Die Leser eines Unternehmensmagazins interessieren sich zum Beispiel für Expertentipps zur Auswahl der passenden Büroräumlichkeiten, wenn sie gerade auf der Suche nach einem neuen Büro sind!

4. Soziale Medien

Social Media als direkter Absatzkanal ist sehr schwer einzuschätzen und abgesehen davon mit einem hohen Zeitaufwand verbunden. Jedenfalls bietet Social Media aber die Möglichkeit, mit Kunden und Interessenten langfristig in Kontakt zu bleiben und sich und sein Unternehmen als Experte zu positionieren. Facebook, Twitter, Xing und LinkedIn verfügen über hohe allgemeine Reichweiten. Werbemöglichkeiten sind auf diesen Plattformen auch vorhanden, wobei in Österreich derzeit nur Facebook groß genug ist, um den Aufwand für werbliche Aktivitäten zu rechtfertigen.

Denken Sie daran, dass Sie, um als Experte wahrgenommen zu werden, Beiträge nicht unbedingt selbst schreiben müssen. Teilen Sie regelmäßig relevante Informationen bzw. Beiträge auch oder vorwiegend von anderen Experten (z.B. Kommentare zu OGH-Entscheidungen). Ihre Kontakte assoziieren Sie dann mit den entsprechenden Themen. Allgemeiner Grundsatz bei Netzwerken: Je mehr Kontakte man hat, desto wertvoller wird der Kanal, wobei natürlich auch die Qualität der Kontakte zählt. Viele Kontakte ermöglichen eine breite Streuung und erhöhen die Chance, dass Ihre Inhalte öfter geteilt werden. Wenige, hochwertige Kontakte ermöglichen dafür gezielte Kommunikation und erhalten die Verbindung zu (ehemaligen) Geschäftspartnern.

Zahlt es sich aus, eine Firmenseite auf Facebook anzulegen? Grundsätzlich kann so eine Seite das Erreichen der anfangs festgelegten Kommunikationsziele – etwa die Markenbindung oder auch das Gewinnen neuer Mitarbeiter – fördern. Der Aufwand für das Erstellen einer Facebook-Seite und ihre regelmäßige Betreuung sollte aber nicht unterschätzt werden. Daher gilt: Lieber darauf verzichten, als einen weiteren Facebook-Zombie im Internet zu erschaffen.

CHECKLISTE

- Profile sollten aktiv sein – lieber weniger Kanäle nutzen, diese aber richtig.
- Die eigene Website ist Ihre langfristige Basis – haben Sie dafür schon zu wenig Zeit, sollten Sie keinen weiteren Kanal bedienen.
- Achten Sie auf ein konsistentes Bild über die Kanäle hinweg.
- Qualität vor Quantität, leere Phrasen will niemand lesen und bringen keine Kunden.
- Expertenpositionierung braucht Zeit.
- Bei jedem Netzwerk ist der Fokus auf relevante Kontakte wichtig – die Chancen auf Empfehlungen steigen und Sie bleiben langfristig in Kontakt mit (ehemaligen) Kunden.

5. In Google gefunden werden

Die Suchmaschine ist Vermittler zwischen Angebot und Nachfrage. Das Angebot sind die Inhalte im Internet, die Nachfrage ist der Bedarf, den der Suchende über die Sucheingabe ausdrückt.

Eine Suche ist ein nachfrageorientierter Prozess. Damit man gefunden werden kann, müssen passende Informationen auf der eigenen Website vorhanden sein.

Dennoch muss festgehalten werden, dass einzelne Objektinserate kaum eine Chance haben, in Google zu relevanten Positionierungen bei den Suchergebnissen zu kommen, es sei denn, in dem Inserat kommen tatsächlich einzigartige Begriffe vor (z.B. Lagebegriffe wie „Wolfersberg“).

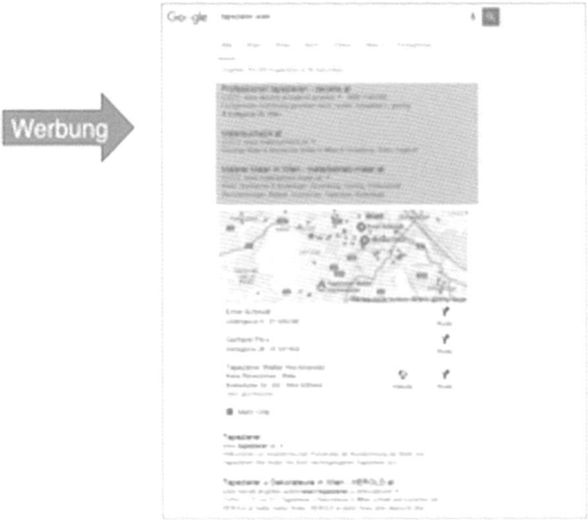

Nicht allen ist immer klar, was in Google bezahlt ist und was nicht.

Vor- und Nachteile bezahlter Google-Werbung

Um besser gefunden zu werden, kann man bei der Google-Maschine Geld einwerfen – also gegen Bezahlung gleich ganz am Anfang in der Sektion der bezahlten Links erscheinen, wenn gewisse Suchbegriffe eingegeben werden. Gebuchte AdWords liefern sofortige Sichtbarkeit und Besucher, aber jeder Klick kostet. Dafür sind die Ausgaben planbar, ebenso das Timing – kurzfristiger Erfolg ist möglich. Es handelt sich um eine Werbeform, die konkret Personen adressiert, die durch ihre Sucheingabe bereits einen (Immobilien-)Bedarf formuliert haben. Dabei ist außerdem die regionale Positionierung mit überschaubaren Kosten möglich, die Zielgruppe kann ebenfalls regional begrenzt werden.

Ist ein Objekt verkauft, lässt sich die Werbung sofort inaktiv stellen und es entstehen keine Kosten mehr. Solche bezahlten Aktivitäten nennt man SEM (Search Engine Marketing).

Wer hingegen versucht, über SEO (Search Engine Optimization), sprich: über die Optimierung der eigenen Website ohne bezahlte Werbung zu besseren „organischen“ Platzierungen zu kommen, kämpft mit mehr Konkurrenz (anderen Seiten zu ähnlichen Themen) und hat keine Planbarkeit, wann und ob die Bemühungen Früchte tragen. Diese Variante empfiehlt sich zur langfristigen Positionierung zu unterschiedlichen Schwerpunktthemen.

TIPP

In jedem Fall können Sie Ihr Unternehmen kostenlos bei Google eintragen. Google My Business ist eine einfache Möglichkeit, seine Firma mit einem Karteneintrag darzustellen, wenn jemand danach sucht. Dieser Eintrag kann auch um Fotos und Logos ergänzt werden, ruft man ihn mobil auf, kann direkt über den Eintrag angerufen oder die Route zum Standort angezeigt werden (www.google.com/business/).

Google My Business Eintrag – Desktop.

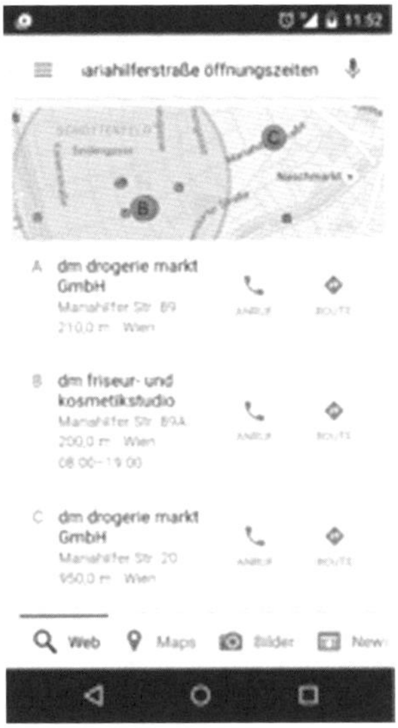

Google My Business Eintrag – Desktop.

Richtige Begriffe

Ein weitverbreiteter Irrglaube ist: Das Ziel eines Maklers muss es sein, bei der Suche nach „Immobilien“ ganz vorne in der Ergebnisliste aufzuscheinen. Dabei wird vergessen, dass viele Suchende eine genauere Vorstellung und Formulierung ihres Bedarfs haben und zumindest oft den Ort, die Art des Objektes und/oder weitere Eigenschaften angeben – und nicht bloß „Immobilie“ in die Suchzeile klopfen. Hinzu kommt, dass Portale und Metasuchplattformen in diesem Bereich so stark sind (weil sie entsprechend Zeit und Geld investieren und auf ihrer Seite sehr viel Inhalt zu dem Thema bieten), dass sie bei den Suchergebnissen ohnehin nur schwer überholt werden können.

Die Chancen sollten in den weniger umkämpften Begriffskombinationen wahrgenommen werden. Besser bei einem Begriff, der selten gesucht wird, ganz vorne in den Ergebnissen zu sein, als bei häufig gesuchten Begriffen auf Seite 2.

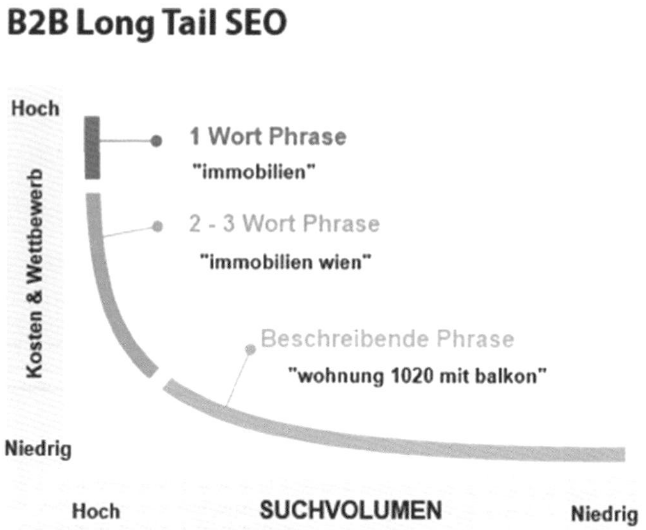

Tippt jemand in der Suchmaschine den Begriff „Immobilien" ein, sucht er wahrscheinlich allgemeine Informationen. Interessierte drücken konkreten Bedarf jedoch durch längere, spezifische Kombinationen von Suchbegriffen aus. In dieser sogenannten Longtail-Suche liegt großes Potenzial: Die Vorstellung von dem, was gefunden werden möchte, ist dabei schon sehr genau. Passt der Inhalt Ihrer Seite zur eingegebenen spezifischen Begriffskombination, ist die Wahrscheinlichkeit, dass Ihre Seite in den Ergebnissen erscheint und angeklickt wird, hoch. Auf diesem Weg erreichen Sie in speziellen und konkreten Bereichen wertvolle Klicks mit mehr Abschlusspotenzial. Wenn Sie den Inhalt ihrer Seite so spezialisieren und sich überlegen, mit welchen Begriffen nach Ihren Objekten gesucht wird, holen Sie sich hochwertige Besucher auf Ihre Website.

6. Auswahl von Dienstleister

SEO und SEM sind ein Handwerk, um die Online-Marketingmaßnahmen voranzubringen – keine Geheimwissenschaft. Alle Maßnahmen kann man selbst (um)setzen, wenn man die entsprechende Zeit und Einsatzbereitschaft dazu hat. Das Know-how ist erlernbar, muss aber auch umgesetzt werden.

Vergleichbar mit der Buchhaltung, die viele Betriebe auslagern, ist das auch bei SEO und SEM oft aus dem Grund empfehlenswert, weil die Maßnahmen und die Wartung einfach viel Zeit in Anspruch nehmen und konsequent verfolgt werden müssen.

Es gibt viele Anbieter, die als Agenturen oder Einzelkämpfer Beratung für SEO, SEM, Websites, Facebook etc. anbieten. Es empfiehlt sich, vorsichtig zu sein, wenn Sie eine oder mehrere der folgenden Phrasen hören:

- „Ich kenne da jemand bei Google …"
- „Wir garantieren Ihnen Platz 1."
- „Wir kümmern uns um die Links, aber was wir da machen, ist Betriebsgeheimnis."
- „Wir kennen da Tricks, die kennt sonst niemand."
- „Wenn ihr AdWords bucht, kommt ihr auch organisch nach vorne."

Für SEO gibt es kein anerkanntes Gütesiegel. Von Google gibt es allerdings ein AdWords-Gütesiegel, das einige Standards festlegt, so zum Beispiel ein Minimum an Mitarbeitern, die die entsprechenden Qualifikationsprüfungen bei Google abgelegt haben. Das allein ist noch keine Garantie für gute Arbeit, ist jedoch ein erstes Zeichen. Hören Sie auch auf persönliche Empfehlungen – vielleicht hat in Ihrem Kollegen- oder Bekanntenkreis bereits jemand gute Erfahrungen mit einer Agentur gemacht.

Ein wichtiger Anhaltspunkt ist schließlich eine grundlegende Frage: Interessiert sich die Agentur für mich und dafür, wie mein Geschäft funktioniert? Ohne diese Informationen kann niemand eine gute Kampagne aufsetzen oder verstehen, was für Ihren Internetauftritt wichtig ist.

Es geht letztlich nicht nur darum, mehr Besucher auf Ihre Website zu bekommen, sondern darum, mehr Kunden, mehr Umsatz und mehr Gewinn zu generieren. Orientieren sollte man sich an übergeordneten Zielen – wer die im Blick behält, kann helfen, sie zu erreichen.

IV. Lernen von anderen Märkten

„Viele Länder zeigen uns vor, wie es geht – mehr Gemeinschaftsgeschäfte, mehr Umsatz, mehr Marktanteil, besseres Image. Makler, die nicht kooperieren wollen, sollten ihren Beruf aufgeben, bevor sie in den nächsten Jahren vom Markt ausselektiert werden."
Alois Reikersdorfer, RE/MAX Austria

A. Lessons learned: Deutschland und das Bestellerprinzip

Österreich verfügt über eines der größten Versuchslabore für Politik: Deutschland. Was in Deutschland besprochen wird, meist mit einem ordentlichen öffentlichen Diskurs abgewogen und schließlich in ein Gesetz gegossen wird, wird in Österreich dann gerne Jahre später in einer adaptieren Form nachgemacht. Eine clevere Strategie.

Umso brisanter ist die Einführung des Bestellerprinzips in Deutschland. Angezettelt hatten die Entwicklung 2011 vor allem das Bündnis 90/Die Grünen und die SPD. Bis jetzt lässt sich zusammenfassen: Gut, dass es Deutschland wieder einmal vorgehüpft hat, denn hier lässt sich einiges besser gestalten als in unserem nördlichen Nachbarland.

Das Bestellerprinzip gilt in Deutschland seit dem 1. Juni 2015 für die Vermittlung von Mietwohnungen. Grob gesagt schreibt es vor, dass derjenige den Makler zahlen soll, der ihn beauftragt, was de facto einem Abgeberprovisionsmodell gleichkommt. Einher ging die Einführung dieses Gesetzes mit dem Wunsch, die Provisionsregelungen in Deutschland zu vereinheitlichen. Es gab nämlich massive regionale Unterschiede, hier zahlte nur der Abgeber die Courtage, woanders beide Seiten, auch die Höhe war zwar durch ein paar gesetzliche Grenzen geregelt, aber grundsätzlich frei verhandelbar. Und weil man vernünftig über eine Neuregelung nachdachte, wurde indirekt auch die Doppeltätigkeit des Maklers infrage gestellt. Die Folgen waren und sind bis jetzt jedenfalls gravierend und sollten für Österreich, wo die Mehrheit der Parteien ja für die Einführung des Bestellerprinzips eintreten, eine Lehre sein.

1. Erste Konsequenzen

Gleich vorweg: „Knapp drei Viertel (73,1 Prozent) aller Makler bescheinigen dem Bestellerprinzip, praxisuntauglich zu sein, bei Vermietern liegt dieser Anteil bei 44 Prozent“, heißt es in einer Umfrage „100 Tage Bestellerprinzip“ von Immo Media Consult, ImmobilienScout24 und der Immobilien Zeitung.

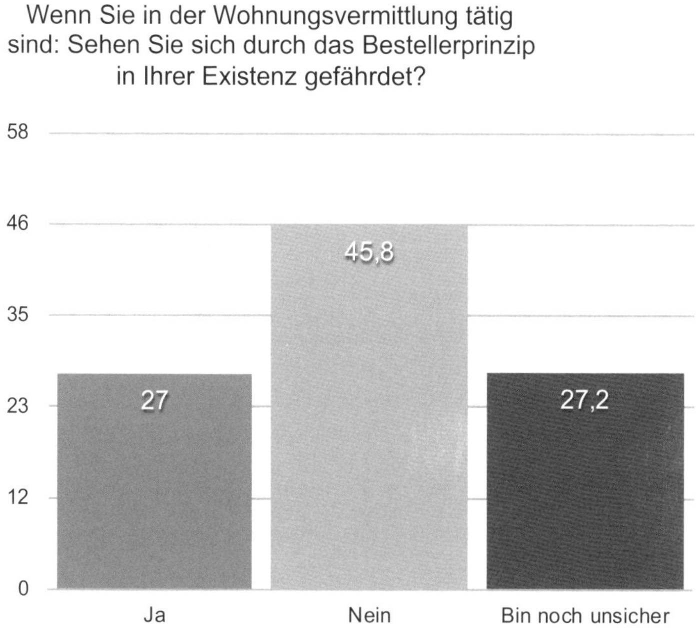

Quelle: IVD-Minutenumfrage, Sept. 2015.

2. Auswirkungen auf den Markt

Drei Monate nach der Einführung des Bestellerprinzips machte auch der IVD eine Umfrage, bei der gut 1.200 Makler und auch ein paar Hausverwalter antworteten. Die Auswirkungen auf das veröffentlichte Wohnungsangebot habe sich den Befragten zufolge – zumindest in der ersten Zeit – massiv verschlechtert. Warum das? Weil die Vermieter versuchten, die Wohnung ohne Makler auf eigene Faust anzukriegen, und sich so das Honorar sparen wollten. Das spiegelt sich auch in erhöhten Inseratenaufkommen von Privaten auf Immobilienplattformen wider. Es dürften auch mehr Wohnungen direkt vom Vor- zum Nachmieter übergeben werden. Angeblich würden auch einige Eigentümer nun eher verkaufen als vermieten.

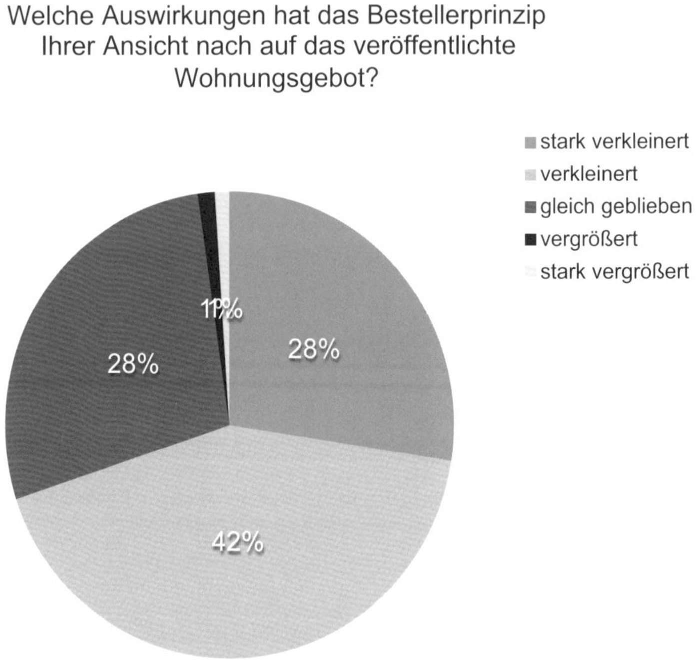

Quelle: IVD-Minutenumfrage, Sept. 2015.

Die Makler reagierten zudem zumindest kurzfristig auf das Prinzip, indem sie die Finger von Mietwohnungen ließen. Vermittelten sie vor der Einführung des Bestellerprinzips noch bis zu 54,2 Prozent Kaufimmobilien, stieg der Anteil drei Monate nach der Einführung schon auf 70,5 Prozent. Zu diesem Zeitpunkt waren die meisten Vermieter noch nicht bereit, Provisionen zu übernehmen, rund 1,5 Prozent wurden von den befragten Maklern als Durchschnitt angegeben. Von den Suchenden kommt eher wenig Provision. 8,2 Prozent gaben an, nach der Einführung von einem Wohnungssuchenden beauftragt worden zu sein und dann auch eine Provision bekommen zu haben.

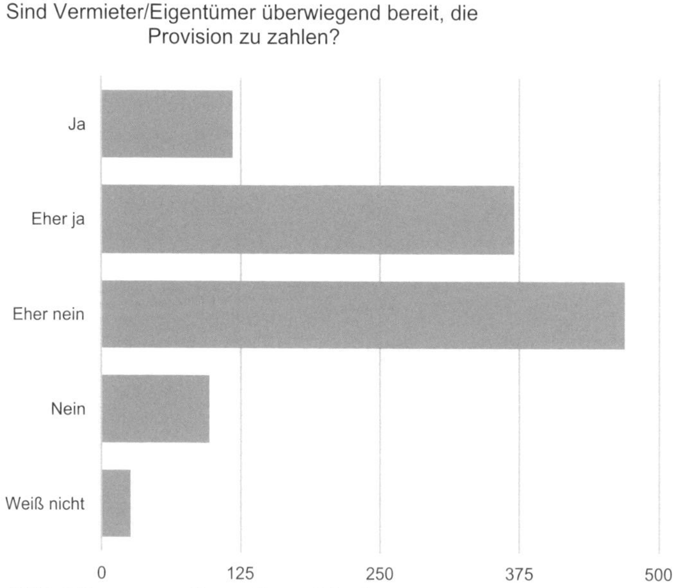

Quelle: IVD-Minutenumfrage, Sept. 2015.

Wünschenswert wäre es, wenn diese Werte regelmäßig erhoben würden, denn erstens haben sich drei Monate nach der Einführung des Bestellerprinzips die Geschäftsmodelle noch nicht großflächig geändert bzw. etabliert und zweitens unterliegen die Abgeber genauso einem Lernprozess. Bei dem Online-Marktplatz Immowelt heißt es: „Zwar sind im Vorfeld des Inkrafttretens die Objektbestände etwas gesunken, da Makler mit Vermietern neue Konditionen aushandeln mussten. Knapp drei Monate später hat sich der Bestand allerdings wieder erholt. Heute verzeichnen wir sogar ein leichtes Plus bei Mietwohnungen. In der Regel braucht es also ein wenig Zeit, bis sich die Makler auf die gesetzliche Änderung eingestellt haben." Und auch IVD-Geschäftsführerin Sun Jensch spricht von einer Durststrecke. Langsam kämen die Eigentümer, die zuerst keinen Makler zahlen wollten, nun nämlich dahinter, dass sie die Leistungen nicht selbst erbringen wollen oder können. Tobias Kollmann, Professor für E-Business und E-Entrepreneurship an der Universität Duisburg-Essen, berichtet dazu, dass die durchschnittliche Reaktion einer Branche auf Disruptoren zwei Jahre dauert. Unter dieser Prämisse ist das Ergebnis, dass 17,3 Prozent der Makler an neuen Modellen arbeiteten, beachtlich.

3. Makler verschwinden

Dieses Buch handelt ja nun einmal auch von der Konsolidierung des Maklermarktes. So wie Bäcker, Greißler und der CD-Verkauf ausstarben, wenn sie sich nicht verändert hatten, trifft es auch die Immobilenvermittler. Drei Monate nach der Einführung des Bestellerprinzips in Deutschland gaben 18,6 Prozent bei einer Befragung an, dass sie sich bereits aus dem Vermittlungsgeschäft zurückgezogen hätten oder es beabsichtigten. 12,6 Prozent glaubten von einer Geschäftsschließung bedroht zu sein.

ImmobilienScout24 spricht von sieben Prozent, die sich gezwungen fühlen, dem Maklergeschäft den Rücken zu kehren. Eine Zahl die IVD-Geschäftsführerin Sun Jensch für richtig hält. Die Erfahrung zeige, dass vor allem kleinere Maklerbüros betroffen sind.

4. Maklergebühren halbiert

66 Prozent der deutschen Makler haben Umsatzeinbußen infolge des Bestellerprinzips, und zwar im Durchschnitt um fast 40 Prozent (IVD), jeder dritte Makler verlor über 50 Prozent an Umsatz („100 Tage Bestellerprinzip"). Diese Zahl wird außerdem auch vom Statistischen Bundesamt betätigt, demzufolge die „Maklergebühr für Miete von Wohnung oder Haus" von 106,7 im Mai auf 53,4 im Juni 2015 sank.

Dennoch konnte die Mehrzahl der Büros ihre Mitarbeiter halten, „nur" 17 Prozent mussten sich von einem oder mehreren Mitarbeitern trennen, gespart wurde von knapp drei Viertel der Makler – und zwar vor allem bei Werbe- und Marketingausgaben und Gehältern. Außerdem senkten die Makler ihre Preise.

Positiv hingegen ist, dass das Image des Vermietungsmaklers laut IVD steigt. Aus Sicht der Mieter kostet er nichts, bringt ihnen aber dennoch einen Nutzen. Zugleich stellt der IVD fest, dass die Auflösung der Doppelvertretung noch gar nicht in den Köpfen der Makler angekommen zu sein scheint und diese sich immer noch auch dem Mieter verpflichtet fühlten.

5. Strategien der Makler

Vier Tage vor dem tatsächlichen Inkrafttreten des Bestellerprinzips saßen 400 Immobilienmakler auf einer Roadshow: nervös, ratlos, ohne Plan. Das erzählt der Anwalt und ehemalige IVD-Präsident Sven Johns. Die generelle Stimmung habe sich bis heute etwas verändert, nun herrsche die „Das darf nicht sein! Anders wäre es besser. Können wir das verbieten? Können wir es umgehen?"-Mentalität vor.

Jene Makler, die sich allerdings rechtzeitig auf die Veränderung eingestellt haben und etwa die Ideen, die der Verband IVD als Leitlinien herausgebracht hat, adaptierten, stehen heute auf der Gewinnerseite, wie die IVD-Geschäftsführerin Sun Jensch bestätigt. Diese Büros hätten, so Jensch, sogar deutlich mehr Nachfrage und könnten diese teilweise gar nicht abarbeiten.

Es haben sich zahlreiche Modelle als sinnvoll erwiesen. Die in diesem Buch bereits diskutierten alternativen Provisionsmodelle wurden umgesetzt. Zum Beispiel die Vermietung zum Fixpreis von 850 Euro oder die stundenweise Abrechnung, egal ob es zu einem Abschluss kommt oder nicht. Oder die Aufdröselung der einzelnen Leistungen mit jeweils zugeordneten Preisen, wie in der Speisekarte eines Restaurants. Wieder andere Büros haben Pakete geschnürt, deren Preis einmal als Prozentsatz abhängig von der Höhe der Monatsmiete berechnet wird, einmal als Fixpreis.

Die Preisberechnung für die Leistung muss sich einerseits an einer internen Kalkulation andererseits an den Mitbewerbern – und hier in erster Linie an den digitalen Plattformen – orientieren.

6. Makler greifen zu Tricks

Umgehen statt reagieren, lautete für viele Makler das Prinzip. „Die Welt" berichtete, dass sich seit Juni 2015 Fälle häufen, bei denen Makler kriminell werden. Sie versuchen etwa dem Mieter einzureden, dass sie die Wohnung zwar haben könnten, aber der Abgeber nicht bereit sei, die Courtage zu übernehmen. Oder der Makler lockt mit einer fiktiven Wohnung mit großartigem Preis-Leistungs-Verhältnis, die aber dann leider schon vergeben ist. Er könne aber eine sehr ähnliche, sogar noch bessere vermitteln, wenn er nur vom Suchenden beauftragt werden würde … was, nebenbei erwähnt, schriftlich erfolgen muss, auch das ist neu, bislang reichte in Deutschland eine mündliche Vereinbarung. Weitere Umgehungen sind enorme Ablösen und Abschlagszahlungen oder Verrechnungen für andere Dienstleistungen. Im Übrigen kommt es auch zu von beiden Seiten gewollten Umgehungen, etwa wenn der Mieter die Maklerkosten auf seinen Arbeitgeber umwälzen kann, werden Konstrukte gefunden, die rechtlich sogar halten dürften oder für den Mieter sehr schwer nachzuweisen sind (Absprachen zwischen Eigentümer und Makler über Kickbacks nach erhöhter Miete etc.). In Deutschland lässt sich die Miete leichter und freier erhöhen als in der österreichischen Regelung.

7. Lessons learned

Als rundum gelungen kann man dieses Konstrukt, wie es in Deutschland eingeführt wurde, wohl nicht bezeichnen. Motiviert von Stimmenfangpolitik, die sich beim Thema leistbares Wohnen ins Licht stellen will, wurde hier recht rasch etwas möglicherweise recht Sinnvolles umgesetzt, was mitunter zu seltsamen Konsequenzen führt. Dass die Regulierung am eigentlichen Problem, dem Wohnraummangel, vorbeigeht, sehen laut Immobilienscout24-Umfrage die Makler (65,8 Prozent) und Vermieter gleichermaßen (49,1 Prozent).

Eine der seltsamen Folgen: Zum Beispiel darf ein Mieter, wenn er den Makler beauftragt, damit er ihm eine Wohnung sucht, keine Provision an den Makler zahlen, wenn dem Makler das Objekt vorher bereits bekannt war – wenn er es also zum Beispiel bereits in seiner Datenbank hatte oder es bereits irgendwo inseriert war. Umstände wie diese sollten jedenfalls berücksichtigt werden, wenn Österreich in dieselbe Richtung vorstößt. Auch sollte abgewogen werden, ob nicht eine gesetzliche Umstellung auf eine Abgeberprovision die klarere Regelung wäre.

8. Nächster Schritt: Bestellerprinzip auch für Käufe

Es ist schon längst kein Geheimnis mehr, dass die deutsche Regierung und diverse Interessenvertretungen über die Ausweitung des Bestellerprinzips von Miete auf Kauf nachdenken. Das ist gerade in Zeiten des Niedrigzinses, in denen sich Bauträger die Hände reiben, weil alle in Betongold investieren wollen, ein heißes Thema. Die hohe Nachfrage nach Objekten macht es den Maklern und Verkäufern leicht, dem Käufer die Provision in voller Höhe aufzubrummen. Zudem wird das Grundproblem der Doppelvertretung und ob es diese überhaupt geben kann/darf, diskutiert. Anwalt Sven Johns kritisiert, dass die deutsche Regierung das Bestellerprinzip eingeführt hat, ohne zu bedenken, dass damit auch die Doppelvertretung abgeschafft wird. Würde diese Logik nun auch auf den Verkauf von Objekten angewandt, würde die komplette Rechtsprechung hinsichtlich Aufklärungspflicht, Haftungsfragen etc. obsolet.

Kritiker führen zudem ins Treffen, dass, wenn der Verkäufer provisionspflichtig wäre, diese Kosten für den Makler einfach auf den Kaufpreis draufgeschlagen werden würde. „Die Welt" hat dazu eine Beispielsrechnung angestellt, die (trotz der recht hoch angenommenen Maklercourtage) zeigt, dass der Käufer selbst mit dem Preisaufschlag besser aussteigen würde. Die Welt kommt zum Schluss: „Selbst wenn die volle Provision im Kaufpreis enthalten wäre – was unrealistisch ist, da die meisten Verkäufer den Makler wohl herunterhandeln würden –, stünde der Käufer besser da. Bei einer Wohnung im Wert von 400.000 Euro und einer Provision von 7,14 Prozent würde er bei einer 15-Jahres-Finanzierung nahezu 6.500 Euro sparen. Das liegt daran, dass er deutlich mehr Eigenkapital zur Verfügung und dadurch eine höhere Bonität hat. Der Zinssatz fällt deshalb niedriger aus."

	Maklerprovision in bar	**Maklerprovision im Kaufpreis**
Kaufpreis	€ 400.000	€ 428.560
Ersparnisse	€ 100.000	€ 100.000
Grunderwerbssteuer (6,5 %)	-€ 26.000	-€ 27.856
Notar und Grundbuch (2 %)	-€ 8.000	-€ 8.571
Maklercourtage (7,14 %)	-€ 28.560	
Eigenkapital	€ 37.440	€ 63.573
Darlehensbetrag	€ 362.560	€ 364.987
monatliche Rate	€ 1.600	€ 1.600
gebundener Sollzins (*)	2%	2%
anfängliche Tilgung	3%	3%
Restschuld nach 15 Jahren	€ 166.746	€ 160.364
in zehn Jahren		€ 6.382

Anm: (*) Annahmen: Sollzinsbindung 15 Jahre, gute Lage des Objekts, gute Bonität des Kreditnehmers, Zinssatz entspricht repräsentativem Angebotsschema beim Vermittler Interhyp

Quelle: Die Welt, 12.2.2016.

9. Handlungsempfehlungen

Der Interessenverband IVD hat seine Mitglieder zwei Jahre lang auf die Umstellung vorbereitet. Dabei hat er unter anderem eine Checkliste mit Handlungsempfehlungen herausgegeben, die hier im Original wiedergegeben ist:

DIE INNENPROVISION BEI DER VERMIETUNG VON WOHNRAUM

1. Leitlinien

Die folgenden Handlungsempfehlungen sollen behilflich sein, eine Innenprovision zu erhalten. Dabei stehen folgende Leitgedanken im Fokus:

- Nehmen Sie rasch Kontakt zu den bzw. Ihren Vermietern auf und erläutern die neue Gesetzeslage.
- Sprechen Sie offen über Geld.
- Machen Sie Ihre bisherige Leistung transparent, die Sie für den Vermieter erbracht haben.
- Erweitern Sie Ihr Angebot.
- Entwerfen Sie maßgeschneiderte Leistungspakete, die den Bedürfnissen des Vermieters gerecht werden. Beachten Sie dabei die unterschiedlichen Bedürfnisse privater und institutioneller Vermieter.

2. Argumente für die Beauftragung eines Maklers

Folgende Argumente könnten den Vermieter überzeugen, einen Makler einzuschalten:

- Sichere Ermittlung der Marktmiete (nach der Mietpreisbremse)
- Professionelle Erstellung von Exposés
- Professionelle Erstellung der Inserate
- Beschaffung eines gesetzlich vorgeschriebenen Energieausweises
- Erfüllung der Pflichten nach der Energieeinsparverordnung (Unterlässt der Vermieter bestimmte Angaben aus dem Energieausweis, handelt er ordnungswidrig – Bußgeld!)
- Erhaltung der Privatsphäre des Vermieters (Pufferfunktion des Maklers)
- Durchführung der Besichtigungen auch in den Abendstunden und am Wochenende

- Vorauswahl der Mietinteressenten
- Bonitätsprüfung
- Vorbereitung des Mietvertrages in den Grenzen des Rechtsdienstleistungsgesetzes
- Steuerliche Absetzbarkeit der Provision bei Einkünften aus Vermietung und Verpachtung
- Zeugenstatus des Maklers bei Wohnungsübergabe
- Vermietungsoptimierung durch Interessentenfeedback

3. Transparenter Leistungsumfang

Bei der Darstellung der Leistung gegenüber dem Eigentümer sollte der Wohnungsvermittler pauschale Leistungspakete anbieten, die auf die Bedürfnisse des Eigentümers zugeschnitten sind.

Folgende Beispiele könnten dabei eine Orientierung bieten:

Leistungen	**Paket 1 (Basis)**	**Paket 2 (Standard)**
Beratung	x(*)	x
Analyse		
Bestimmung des Mietpreises	x	x
Bestimmung der Wohnfläche		x
Zelgruppenanalyse		x
Vermarktung		
Inserat in online Portalen	x	x
Inserat in Tageszeitungen		x
Professionelle Fotos		x
Grundriss		x
Grundrissaufbereitung		x
Social Media		x
Präsentation im Ladengeschäft		x
Anfragebearbeitung	x	x
Besichtigungstermine (Werktag)	x	x
Besichtigungstermine (Wochenende)		x
Vorauswahl der Mietinteressenten	x	x
Bonitätsprüfung		x
Bewerbungsmanagement		x
Aktivivtätsnachweis ggü. Vermieter		x
Abschluss		
Vorbereitung des Mietvertrages (**)		x
Übergabe		
Protokoll		x
Rücknahme vom Vermieter		x
Geld-Zurück-Garantie		x
	X Monatsmiete plus Ust.	Y Monatsmiete plus Ust.

* Beispiel/Vorschlag

** Vorbereitung bezieht sich auf Ausfüllen eines Standardmietvertrages. Individuelle Mietvertragsklauseln können einen Verstoß gegen das Rechtsdienstleistungsgesetz darstellen.

Es können auch weitere Pakete mit weiteren Leistungen angeboten werden. Eine Begrenzung auf zwei Mieten Provision besteht im Verhältnis zum Vermieter nicht. So könnte ein Premiumangebot auch mit einer höheren Provision abgerechnet werden.

UMGANG MIT DEM SUCHAUFTRAG VOM WOHNUNGS-SUCHENDEN NACH § 2 ABS. 1A WOVERMRG

Eine Provision von Wohnungssuchenden ist nach dem neuen Gesetz zur Einführung eines sogenannten Bestellerprinzips nur unter sehr engen Voraussetzungen möglich. Es sind folgende Grundsätze zu beachten:

Der Vermittlungsvertrag (Suchauftrag) bedarf der Textform

- → Der Vermittler darf nur einen gleichartigen Suchauftrag (z.B. drei Zimmer mit mindestens 75 m², Altbau mit Balkon und Einbauküche) entgegennehmen, da er sonst nicht nur ausschließlich für einen Suchenden tätig ist. Der Suchauftrag ist daher möglichst genau zu verfassen.
- → Der Vermittler kann von keinem weiteren Suchenden ein Entgelt verlangen, wenn er die Wohnung bereits kannte bzw. ihm die Vermarktung seitens des Vermieters gestattet war.
- → Der Vermittler kann von keinem weiteren Suchenden ein Entgelt verlangen, wenn der Mietsuchende die Wohnung im ersten Anlauf nicht nimmt. Für den zweiten Interessenten wäre er somit nicht mehr ausschließlich tätig geworden.
- → Der Wohnungsvermittler sollte nur dann einen Suchauftrag entgegennehmen, wenn die Voraussetzungen zu 100 Prozent eingehalten werden können. Für die Erteilung des Suchauftrages durch den Mietsuchenden kann das entsprechende Formular des IVD (Auftrag für die Vermittlung einer Mietwohnung nach § 2 Abs. 1a WoVermRG) verwendet werden. Das Widerrufsrecht muss zwingend beachtet werden.
- → Der Verstoß gegen § 2 Abs. 1a WoVermRG (Bestellerprinzip) ist eine Ordnungswidrigkeit, die mit einem Bußgeld von bis zu 25.000,- Euro geahndet werden kann.
- → Berater- oder Dienstleistungsverträge, die auf eine Zahlungspflicht des Wohnungssuchenden abzielen, stellen grundsätzlich eine unzulässige Umgehung dar.

§ 2 Abs. 1a WoVermRG

Der Wohnungsvermittler darf vom Wohnungssuchenden für die Vermittlung oder den Nachweis der Gelegenheit zum Abschluss von Mietverträgen über Wohnräume kein Entgelt fordern, sich versprechen lassen oder annehmen, es sei denn, der Wohnungsvermittler holt ausschließlich wegen des Vermittlungsvertrags mit dem Wohnungssuchenden vom Vermieter oder von einem anderen Berechtigten den Auftrag ein, die Wohnung anzubieten (§ 6 Abs. 1).

Was in keinem Suchauftrag fehlen darf

1. Genaue Beschreibung der gesuchten Wohnung
2. Vereinbarung der Provision und gegebenenfalls Auslagen
3. Widerrufsbelehrung
4. Vorformulierte Erklärung des Vermieters (Gestattung der Wohnrechtsvermittlung nach § 6)

Warum es zu grotesken Situation wie oben beschrieben kommt (Makler darf keine Provision vom Mieter nehmen, obwohl er von ihm beauftragt wurde) und wie das gesetzliche Rahmenwerk genau aussieht, wird im nächsten Kapitel von Daniel Lühmann beleuchtet. Er ist Rechtsanwalt bei Ernst & Young Law in Frankfurt/Main. Weil anzunehmen ist, dass Österreich diese deutsche Regelung als Basis verwenden wird, ist die Zusammenfassung gleichsam Ausgangspunkt für weitere Diskussionen.

10. Rechtlicher Hintergrund (Daniel Lühmann)

Die Bestimmungen des deutschen Gesetzes zur Regelung der Wohnungsvermittlung vom 4. November 1971 in der Fassung vom 9. Dezember 2004 (das **„WoVermRG aF"**) richten sich an Wohnungsvermittler (der „Makler"), die den Abschluss von Mietverträgen über Wohnraum vermitteln oder nachweisen.

Mit der zum 1. Juni 2015 in Kraft getretenen Novellierung des WoVermRG aF haben sich die Bestimmungen des Wohnungsvermittlungsrechts innerhalb des letzten Jahres grundlegend geändert (das **„WoVermRG nF"**). Wesentliches Kernstück der Novellierung war die Einführung des sogenannten „Bestellerprinzips", wonach die Leistung des Maklers von derjenigen Partei zu entlohnen ist, welche die Leistung des Maklers „bestellt", also in Auftrag gibt.

a) Die Einführung des Bestellerprinzips und die bis dahin geltende Rechtslage

Mit der Einführung des Bestellerprinzips haben frühere Versuche des deutschen Gesetzgebers, das Bestellerprinzip in dem WoVermRG aF zu verankern, ihren erfolgreichen Abschluss gefunden.

Nach der bis zum 31. Mai 2015 geltenden alten Rechtslage musste diejenige Partei eine Provision an den Makler zahlen, die mit dem Makler einen (auch formlosen) Vertrag abgeschlossen hatte. Es gab jedoch unterschiedliche Gestaltungsmöglichkeiten dieses Vertrags, wonach der Mieter und nicht der Vermieter gegenüber dem Makler provisionspflichtig wurde[29]. Diese Gestaltungsspielräume, die vor allem in angespannten Wohnungsmärkten zulasten der Mieter ausgereizt wurden, waren Gegenstand unterschiedlicher erfolgloser Gesetzesinitiativen. Beispielhaft sei auf den zuletzt eingebrachten Gesetzentwurf des Deutschen Bundesrats verwiesen, der nach Beendigung der 17. Legislaturperiode dem Grundsatz der sachlichen Diskontinuität[30] verfallen ist (vgl. § 125 S 1 Geschäftsordnung des Deutschen Bundestages). Infolgedessen galt die unter dem WoVermRG aF bestehende Rechtslage bis zum 31. Mai 2015 fort.

Erst nachdem im Koalitionsvertrag vom 27. November 2013 von CDU, CSU und SPD für die 18. Legislaturperiode[31] vereinbart worden war, das WoVermRG aF zu novellieren und das Bestellerprinzip hierin zu verankern, hat die Bundesregierung durch das Bundesministerium der Justiz und für Verbraucherschutz am 18. März 2014 den Entwurf eines Gesetzes zur Dämpfung des Mietanstiegs auf angespannten Wohnungsmärkten und zur Stärkung des Bestellerprinzips bei der Wohnungsvermittlung (Mietrechtsnovellierungsgesetz – MietNovG) (der **„Referentenentwurf"**) vorgelegt[32].

Der Referentenentwurf wurde in einer leicht überarbeiteten Form Gegenstand eines Regierungsentwurfs[33], der vom Bundestag am 1. Oktober 2014 beschlossen und am 27. März 2015 unverändert durch den Bundesrat verabschiedet wurde[34] (das **„Gesetz"**).

---

[29] *Ibold* in *Schreiber*, Handbuch Immobilienrecht[3], 662.

[30] Der Grundsatz der sachlichen Diskontinuität bedeutet, dass alle Gesetzesvorlagen, die vom Deutschen Bundestag in einer Legislaturperiode nicht beschlossen wurden, in einer neuen Legislaturperiode neu in den Deutschen Bundestag eingebracht und verhandelt werden müssen, bevor sie durch ihn beschlossen werden können.

[31] Koalitionsvertrag zwischen CDU, CSU und SPD, Deutschlands Zukunft gestalten, 115.

[32] Der Wortlaut des Referentenentwurfs ist in ZfIR 2014, 573 ff. abgedruckt.

[33] BT-Drs 18/3121.

b) Gesetzeszweck

Im Allgemeinen ist Zweck dieses Gesetzes, die Wohnungssuchenden vor einer ungerechtfertigten wirtschaftlichen Belastung zu schützen, die in der Regel Ausfluss einer missbräuchlichen Vertragsgestaltung ist[35]. Zudem soll durch das Gesetz die Markttransparenz auf dem Gebiet der Wohnungsvermittlung verbessert werden[36].

c) Die Neuregelung im Detail

Durch die Einführung des Bestellerprinzips wurde unter anderem der § 2 WoVermRG aF erweitert. Dieser gliedert sich nunmehr in zwei Absätze[37]:

§ 2 WoVermRG nF (Rechtslage ab 1. Juni 2015)	**§ 2 WoVermRG aF (Rechtslage bis 31. Mai 2015)**
(1) [1]Ein Anspruch auf Entgelt für die Vermittlung oder den Nachweis der Gelegenheit zum Abschluss von Mietverträgen über Wohnräume steht dem Wohnungsvermittler nur zu, wenn infolge seiner Vermittlung oder infolge seines Nachweises ein Mietvertrag zustande kommt. [2]**Der Vermittlungsvertrag bedarf der Textform.**	(1) Ein Anspruch auf Entgelt für die Vermittlung oder den Nachweis der Gelegenheit zum Abschluß von Mietverträgen über Wohnräume steht dem Wohnungsvermittler nur zu, wenn infolge seiner Vermittlung oder infolge seines Nachweises ein Mietvertrag zustande kommt.

34 Es ist zu beachten, dass durch die Einführung des Bestellerprinzips lediglich die Vermittlung von Mietverträgen über Wohnräume erfasst wird. Ob der Vermittler seine Tätigkeit gewerbsmäßig ausübt, ist für die Anwendbarkeit der Bestimmungen des Wohnvermittlungsgesetzes grundsätzlich ohne Bedeutung; nur § 3 Abs. 1 und § 6 WoVermittG nF wenden sich nicht an Gelegenheitsmakler. Dagegen werden die Vermittlung von Mietverträgen über Gewerbeimmobilien oder die Vermittlung von Kaufverträgen zum Erwerb von Liegenschaften nicht von der neuen Rechtslage erfasst. Insoweit gilt die alte Rechtslage. Das heißt: Wer eine Gewerbeimmobilie anmietet oder eine Liegenschaft erwirbt, die von einem Makler angeboten wird, wird in der Regel dessen Provision zahlen müssen, auch wenn dieser vom Vermieter oder Veräußerer engagiert wurde.

35 BGH, NJW 2003, 1393 (1394); NJW 2004, 286 (287); KG, NJW-RR 2004, 1239 (1239).

36 BGH, NJW 2003, 1393 (1394); NJW 2004, 286 (287).

37 Es ist zu beachten, dass durch die Änderung des § 2 WoVermRG aF auch redaktionelle Folgeänderungen in anderen Gesetzen nötig wurden. Diese sind allerdings in diesem Zusammenhang von geringer Relevanz. Insoweit werden diese hier nicht weiter dargestellt.

(1a) Der Wohnungsvermittler darf vom Wohnungssuchenden für die Vermittlung oder den Nachweis der Gelegenheit zum Abschluss von Mietverträgen über Wohnräume kein Entgelt fordern, sich versprechen lassen oder annehmen, es sei denn, der Wohnungsvermittler holt ausschließlich wegen des Vermittlungsvertrags mit dem Wohnungssuchenden vom Vermieter oder von einem anderen Berechtigten den Auftrag ein, die Wohnung anzubieten (§ 6 Absatz 1).

Aus der Novellierung des WoVermRG aF ergeben sich die folgenden Tatbestandsmerkmale:

a. Vermittlungsvertrag

Der Vermittlungsvertrag umfasst grundsätzlich jeden Vertrag über die Vermittlung von Wohnraum mit Ausnahme der Vermittlung im Fremdenverkehr (vgl. § 1 Abs. 3 WoVermRG nF), wobei der im Referentenentwurf verwendete Begriff des „Suchauftrags" in der Gesetzesnovelle durch den Begriff „Vermittlungsvertrag" ersetzt wurde.

Dabei will der Gesetzgeber das Tatbestandsmerkmal „Vermittlungsvertrag" nicht im Sinne des reinen Vermittlungsmaklers verstehen[38]. Aus § 1 Abs. 1 WoVermRG nF ergibt sich, dass die Novellierung des WoVermRG aF auch den Nachweismakler erfasst. Danach ist Wohnungsvermittler im Sinne des Gesetzes, wer den Abschluss von Mietverträgen über Wohnraum vermittelt oder die Gelegenheit zum Abschluss von Mietverträgen über Wohnraum nachweist.

b. Formerfordernis

Der Gesetzgeber hat in § 2 Abs. 1 S 2 WoVermRG nF bestimmt, dass der Vermittlungsvertrag zwischen Makler und einem Dritten – wobei hiermit der Mieter oder der Vermieter gemeint ist – der Textform gemäß § 126b Bürgerliches Gesetzbuch (**„BGB"**) bedarf.

---

[38] Vermittlungsmakler ist, wer auf einen Interessenten einwirkt, das Geschäft mit dem Auftraggeber einzugehen. Gegenstück zum Vermittlungsmakler ist der Nachweismakler. Nachweismakler ist, wer seinen Auftraggeber einen Interessenten für das angestrebte Geschäft nennt.

Den Vertragsparteien ist es – gegenüber der alten Rechtslage – nicht mehr möglich, einen Vertragsschluss mündlich oder gar konkludent herbeizuführen. Die Textform erlaubt jedoch den rechtswirksamen Vertragsschluss beispielsweise durch E-Mail.

Halten sich die Parteien nicht an das Textformerfordernis, ist der Vertrag gemäß § 125 BGB von Anfang an nichtig, wobei die Nichtigkeit von den Parteien durch nachträgliche Zustimmung gemäß § 141 Abs. 2 BGB beseitigt werden kann[39].

c. Wohnungssuchender

Wohnungssuchender ist – wie bereits in § 3 Abs. 2 WoVermittRG aF – jeder, der für sich oder einen Dritten einen Makler mit der Vermittlung von Wohnraum beauftragt.

d. Auftrag des Berechtigten

Der Gesetzgeber verweist bei dem Tatbestandsmerkmal „Auftrag" ausdrücklich auf § 6 Abs. 1 WoVermRG aF. Durch den Verweis auf die bereits existierende Bestimmung des WoVermRG aF ist der Begriff des Auftrags einheitlich auszulegen. § 6 Abs. 1 WoVermRG aF lautet wie folgt:

§ 6 WoVermRG
(Rechtslage ab 1. Juni 2015)

(1) Der Wohnungsvermittler darf Wohnräume nur anbieten, wenn er dazu einen Auftrag von dem Vermieter oder einem anderen Berechtigten hat.

Nach der Intention des Gesetzgebers soll die Bestimmung verhindern, dass ein Makler ein Objekt zur Vermietung anbietet, von dem er lediglich zufällig erfahren hat. In einem solchen Fall besteht die Möglichkeit, dass der Vermieter eine Vermittlung seines Objekts durch einen ihm unbekannten Makler ablehnt. Der Wohnungssuchende soll so davor geschützt werden, unnötig Zeit sowie Unkosten aufzuwenden[40]. Folglich soll der Makler nur Objekte anbieten dürfen, für deren Angebot er jeweils vonseiten des Vermieters beauftragt wurde. Für einen solchen Auftrag genügt bereits jegliche ausdrückliche oder konkludente, schriftliche oder mündlich erklärte Zustimmung des Be-

[39] BGH, NJW 1985, 2579 (2580).

[40] BT-Drs. VI/1548, 13.

rechtigten zur Vermittlung der betreffenden Wohnung durch einen bestimmten Makler[41]. Ein Auftrag im Sinne des § 662 BGB oder ein Vermittlungsauftrag im Sinne des Maklervertrags ist dagegen nicht erforderlich.

e. Wegen des Vermittlungsauftrags einholen

aa. Zeitlich Abfolge des Tätigwerdens des Maklers

Das WoVermRG nF sieht in der zeitlichen Dimission ein zweistufiges Verfahren vor. Der künftige Mieter muss den Vermittlungsvertrag abschließen. Erst danach darf der Makler – sofern er eine Vergütung vom künftigen Mieter erhalten möchte – die Zustimmung des Vermieters einholen.[42] Sollte der Makler es unterlassen, die Zustimmung vorab einzuholen, entfällt sein Anspruch auf Vergütung gegenüber dem Mieter. Das ergibt sich aus dem Wortlaut der Bestimmung „wegen des Vermittlungsauftrags" und der vom Gesetzgeber verwendeten Präsensform „holt ein".

bb. Unschädlichkeit der Vorkenntnis

Die vorherige Kenntnis eines Maklers von dem zu vermittelnden Objekt ist für die Begründung des Anspruchs auf Vergütung grundsätzlich unschädlich.[43] Zwar legt die Regierungsbegründung eine andere Auslegung nahe[44]. Solange aber der Makler das gesetzlich normierte, zeitlich abgestufte Verfahren beachtet[45] und noch keine Zustimmung des Vermieters vorliegt, ist die vorherige Kenntnis für die Begründung des Anspruchs ausnahmsweise unschädlich. Dafür spricht insbesondere, dass sich die Bundesregierung in ihrer Begründung auf die wortgleiche Begründung des Referentenentwurfs gestützt hat, obwohl in dieser – wie oben genannt – noch von dem Begriff des „Suchauftrags" ausgegangen wurde. Trotz dieser bestehenden Divergenzen hat die Bundesregierung es unterlassen, die Gesetzesbegründung inhaltlich an die Änderungen anzupassen.

---

[41] BR-Drs. 447/14, 37.

[42] BT-Drs. 18/3121, 38.

[43] Duchstein, MietNovG II: Das „Bestellerprinzip" im Wohnraummaklerrecht, NZM 2015, 417 (420).

[44] BT-Drs. 18/3121, 18: „Ein Vermittler wird im Sinne der neuen Vorschrift im Interesse eines Wohnungssuchenden nur dann tätig, wenn er sich für den Wohnungssuchenden auf die Suche begibt und die Wohnung ausschließlich für ihn und in dessen Interesse sucht".

[45] Vgl. Punkt 10c)e.aa. dieses Textes.

cc. Art und Weise des Angebots eines Mietobjekts durch den Makler

Dem Makler bleibt es auch nach dem WoVermRG nF freigestellt, in welcher Art und Weise er die Zustimmung vom Vermieter einholt und das zu vermietende Objekt am Markt anbietet. Insoweit kann er sowohl Anzeigen in Print- oder digitalen Medien schalten[46] und/oder den Vermieter oder andere Makler mündlich kontaktieren.[47]

f. Ausschließlichkeit

Das Tatbestandsmerkmal „ausschließlich" präzisiert den vom Gesetzgeber verfolgten Zweck, wonach der potenzielle Mieter nur dann eine Provision an den Makler zu zahlen haben soll, wenn der Makler allein in seinem Interesse tätig wird.[48] Insoweit richtet sich der Gesetzeszweck auf den Schutz des potenziellen Mieters vor Ansprüchen aus Provisionen für Tätigkeiten des Maklers, welche primär im Interesse des Vermieters liegen.

g. Rechtsfolgen: Entgelt

Sofern die genannten Tatbestandsmerkmale vorliegen[49], erhält der Makler einen Anspruch auf Entgelt für die erbrachte Leistung (§ 2 Abs. 1 S 1 WoVermittG).

Der Begriff „Entgelt" ist systematisch und nach dem Gesetzeszweck auszulegen. Gemeint ist jede geldwerte Gegenleistung für den Nachweis oder die Vermittlung einer Wohnung. Das WoVermittG aF beinhaltete den Begriff des Entgelts in §§ 2 und 3. Daraus ergibt sich, dass der Makler nur eine solche Gegenleistung fordern darf, deren Wert sich objektiv bestimmen lässt.[50] Andernfalls kann nicht festgestellt werden, ob die gesetzliche Höchstgrenze von zwei Nettokaltmieten gemäß § 3 Abs. 2 S 1 WoVermittG eingehalten ist.

---

[46] BT-Drs. 18/3121, 38.

[47] KG, GE 2001, 1197.

[48] BT-Drs. 18/3121, 18.

[49] Die Darlegungs- und Beweislast für das Vorliegen sämtlicher Tatbestandsmerkmale trägt der Makler. Dies lässt sich bereits aus der negativen Formulierung des § 2 Abs. 1a WoVermRG nF „es sei denn" schließen. Insoweit ist es den Parteien auch nicht möglich, die Beweislast durch Allgemeine Geschäftsbedingungen oder durch Individualvereinbarung auf den Mieter zu übertragen.

[50] *Roth*, in: Münchener Kommentar zum BGB[6] (2012), § 652 Rdnr. 199.

Vereinbaren die Vertragsparteien keine Vergütungshöhe, schuldet der Auftraggeber (demnach jeweils der Mieter oder der Vermieter) dem Auftragnehmer (d.h. dem Makler) entsprechend § 653 Abs 1 BGB die übliche Provision;[51] es ist zu beachten, dass sich diese an der aktuellen Entwicklung des deutschen Wohnungsvermittlungsmarkts orientiert.

d) Umgehungsmöglichkeiten

Aufgrund der Erschwernis für den Makler, seinen Anspruch auf Zahlung eines Entgelts gegenüber dem jeweiligen Mieter durchzusetzen, besteht die Gefahr, dass Makler versuchen werden, das Bestellerprinzip zulasten der Mieter zu umgehen.[52] Dies könnte sich als eine mögliche negative Folge der Novellierung des WoVermRG nF herausstellen.

Ausgangspunkt ist das Verbot von Umgehungsgeschäften. Um ein Umgehungsgeschäft handelt es sich, wenn ein Rechtsgeschäft, bei einer eng am Gesetzeswortlaut erfolgenden Auslegung, zwar nicht gegen ein gesetzliches Verbot verstößt, dieses aber so konzipiert ist, dass im Ergebnis ein dem Sinn des Verbotsgesetzes zuwiderlaufender Erfolg eintritt.[53] Insoweit ist maßgebend, ob der Zweck eines Verbotsgesetzes durch die gewählte, vom Gesetzeswortlaut nicht erfasste rechtliche Gestaltung vereitelt wird.[54] Zweck des WoVermRG nF ist es zu verhindern, dass der Mieter eine Provision an den Makler zahlen muss, obwohl er (auch) für den Vermieter tätig geworden ist. Die Rechtsfolgen einer Umgehung bemessen sich nach § 134 BGB. Danach sind Rechtsgeschäfte, die gegen ein gesetzliches Verbot verstoßen, nichtig, wenn sich nicht aus dem Gesetz ein anderes ergibt.

Der Gesetzgeber hat in § 2 Abs. 5 WoVermRG nF ausdrücklich verschiedene Umgehungsverbote vorgesehen. Danach sind Vereinbarungen unwirksam, mit denen die Vertragsparteien das Bestellerprinzip abbedingen wollen (Nr. 1) oder der Wohnungssuchende verpflichtet wird, ein vom Vermieter oder einem Dritten geschuldetes Vermittlungsentgelt zu zahlen (Nr. 2). Auf-

---

51 OLG Düsseldorf, Urt. v. 20. Februar 2009, Az 7 U 51/08.

52 BR-Drs. 177/13, 4.

53 *Armbrüster*, in: Münchener Kommentar zum BGB[7] (2015), § 134 Rdnr. 11.

54 *Ders.*, in: Münchener Kommentar zum BGB[7] (2015), § 134 Rdnr. 17 m.w.N.

grund der zweiten Alternative sind ein Vertrag zugunsten Dritter (§ 328 BGB) und die Erfüllungsübernahme (§ 329 BGB) ausgeschlossen.[55] Infolgedessen kann der Vermieter im Mietvertrag nicht die von ihm aufgrund des Bestellerprinzips geschuldete Provision auf den Mieter abwälzen.[56]

Dem Vermieter ist es schließlich – unter Beachtung der sogenannten Mietpreisbremse[57] – möglich, die Miete so zu kalkulieren, dass er die von ihm an den Makler verauslagte Provision wieder zurückerhalten kann. Auch dies stellt ein potenzielles Risiko zulasten des Mieters durch die Novellierung des WoVermRG dar.

e) Schlussbemerkung und Ausblick

Wie sich das neue WoVermRG – insbesondere auf den Berufsstand der Makler – in der Praxis auswirken wird, lässt sich zum gegenwärtigen Zeitpunkt nicht prognostizieren. Erste wirtschaftliche Tendenzen lassen sich einer Studie der Ernst & Young Real Estate GmbH entnehmen[58], wonach sich die Branche in einem weitreichenden Veränderungsprozess befindet. Dieser Prozess birgt neben Chancen auch Risiken. Insoweit fürchtet auch der Deutsche Richterbund eine Zunahme an Gerichtsverfahren.[59]

---

55 BR-Drs. 177/13, 5.

56 *Derleder*, NZM 2015, 263 (266).

57 Am 5. März 2015 hat der Deutsche Bundestag mit den Stimmen der CDU, CSU und SPD unter anderem eine umgangssprachlich als Mietpreisbremse bezeichnete Dämpfung des Mietanstiegs beschlossen. Die Mietpreisbremse gilt nicht für das ganze Bundesgebiet, sondern nur in „angespannten Wohnungsmärkten". Solche werden von den Landesregierungen der Bundesländer ausgewiesen. Zudem gilt sie nicht bei Neubauten, welche nach dem 1. Oktober 2014 zum ersten Mal genutzt und vermietet werden, und „umfassend modernisierte Wohnungen". Vgl. zum Mietpreisbremse auch *Horst*, NZM 2015, 393 ff. Am 20. Mai 2016 hat der Bundesjustizminister Heiko Maas (SPD) auf der Bundesarbeitstagung des Deutschen Mieterbundes (DMB) in Fulda eine zweite Mietrechtsnovelle angekündigt. Mit der Novelle sollen die Mieter einerseits bei Mieterhöhungen nach Modernisierungen oder auf die ortsübliche Vergleichsmiete substantielle Verbesserungen erfahren. Andererseits soll die die im März 2015 beschlossene Mietpreisbremse geprüft und gegebenenfalls nachgebessert werden.

58 *Seizer/Wittl*, Real Estate Trends, Ausgabe 68, März 2016, 20 ff.

59 Deutscher Richterbund, Stellungnahme Nr. 8/14 vom 26. Mai 2014 zum Referentenentwurf.

B. Kanada

In Kanada läuft die ganze Wohnungsvermittlung vollkommen anders ab. Im zweitgrößten Staat der Welt heißt das am dichtest besiedelte Gebiet Ontario – es liegt rund um die 2,6 Millionen Einwohner zählende Businesshauptstadt Toronto. Dort bildet ein MLS das Rückgrat der Makelei.

Doppelvertretung gibt es hier keine oder genauer gesagt: kaum. Ein Makler vertritt den Käufer, ein anderer den Verkäufer. Hat ein Makler ein Objekt zum Verkauf, trägt er es mittels standardisierten Formulars in das System ein – und das war's. Davor musste er freilich um den Auftrag „kämpfen". In Kanada ist es normal, dass jemand, der seine Wohnung verkaufen will, zu mehreren Maklern geht und sich diese dann mit ihren Marketingideen beim Abgeber bewerben. Während der eine Makler vielleicht stark mit Facebook und Inseraten arbeiten will, konzipiert der andere Youtube-Videos, Flyer und Home Staging. Der Noch-Wohnungs-Besitzer wählt also seinen bevorzugten Makler (einen und nicht mehrere) und der Eigentümer/Abgeber ist es auch, der die Provision zahlt – nämlich meist fünf Prozent vom Kaufpreis. (Bei Mietwohnungen beträgt die Provision eine Monatsmiete und wird 50:50 unter den Maklern geteilt.)

ZAHLEN: IMMOBILIENVERMITTLUNG IM GROẞRAUM TORONTO

- ca. 43.000 Makler(-Lizenzen)
- 101.299 verkaufte Objekte pro Jahr
- 108,3 Milliarden Dollar Verkaufsvolumen
- 28 Tage braucht die Vermarktung eines Objektes durchschnittlich
- in über 90 Prozent der Transaktionen sind zwei Makler involviert
- nur 2,5 Prozent aller Transaktionen laufen von privat zu privat

Üblicherweise behält sich der Abgebermakler rund 2,5 Prozent. Er muss in das MLS neben allen Objektdaten auch hineinschreiben, wie viel der andere Makler bekommt, nämlich, der, der den Käufer bringt. Dieser darf übrigens – wenn er will –Teile oder die ganze Provision an den Käufer weitergeben, zum Beispiel in Form von Gutscheinen für eine Küche oder Ähnliches. Die Regeln sind aber klar. Jeder weiß, was Sache ist. Und vor allem: Kunden können schneller und besser bedient werden. Ein mit einer Suche beauftragter Makler greift schließlich auf die gesamte Datenbank und somit auf praktisch alle am Markt befindlichen Objekte zu. „Wenn ich ein Objekt in der Früh ins MLS stelle, kann es am Nachmittag schon leicht verkauft sein", erzählt Henry Balaban von dem Maklerbüro Sutton Group Associates. Durchschnittlich brauche ein Verkauf aber 30 bis 60 Tage, schätzt er. Bei einem anderen Maklerbüro wird diese Zahl in etwa bestätigt: 22 Tage dauert es laut Jamie Johnston von RE/MAX Condo's Plus.

„Den größten Nutzen dieses Systems hat der Konsument", ist Henry Balaban überzeugt. „Er muss nicht von einem Makler zum nächsten laufen und schauen, ob zufällig einer etwas Passendes hat." Innerhalb von zwei Tagen nach Beauftragung steht alles über das Objekt im MLS – Fotos, Grundrisse, etc. Von da an kann jeder Makler darauf zugreifen und Besichtigungstermine machen. Der Makler, der das Objekt eingespeist hat, kann eine Besichtigung oder einen Makler nicht ablehnen. Tut er es trotzdem, gibt es saftige Strafen. Bei groben Verstößen gegen die Regeln wird der Makler vom MLS ausgeschlossen. „Da kann man dann gleich zusperren", ist sich Balaban sicher.

Das MLS hat aber zahlreiche weitere Vorteile. „Ich kann Ihnen in 30 bis 60 Minuten für jedes Gebäude einen exakten Quadratmeterpreis sagen." Eine fundierte Preisanalyse des lokalen Umfelds ist Teil jedes seriösen Maklerangebots, wenn er sich um ein Objekt bewirbt. Absurde Preisversprechen – wie bei uns üblich, nur damit ein Makler zu einem Objekt kommt – sind dadurch so gut wie unmöglich. Transparenz gibt es auch beim Angebot: Das MLS ist zwar an sich nur für Makler zugänglich, auf einer Konsumentenseite können Immo-Suchende aber ihre Wunschliegenschaft eintragen. Sobald ein passendes Objekt von einem Makler eingespeist wird, erhält der Konsument eine Benachrichtigung.

Organisiert wird das MLS von der Interessenvertretung TREB (Toronto Real Estate Board). Diese ist freiwillig, 95 Prozent der aktiven Makler in Ontario sind aber dabei und zahlen umgerechnet etwa 760 Euro pro Jahr für die Mitgliedschaft und den Zugang zur Datenbank. Rund 100.000 Transaktionen laufen jährlich über das MLS, das durchschnittliche Volumen einer Transaktion beträgt 462.100 Euro.

Das TREB bietet aber noch viel mehr. Ein Rundgang durch die Zentrale in der sage und schreibe 100 Menschen arbeiten, führt den Besucher durch eine eigene Druckerei, in der die Makler günstige Promotionmittel in Auftrag geben können, ein modernes TV- und Radiostudio steht allen Mitgliedern für Aufnahmen, Werbespots etc. zur Verfügung. Im telefonischen Help Desk des TREB gehen durchschnittlich 20.000 Anrufe pro Monat ein. Außerdem publiziert das TREB zwei Mal im Monat Marktreports mit aktuellen Zahlen und dem Hauspreisindex. Im Shop gibt es „Zu verkaufen"-Schilder und ähnliches Werbematerial, auch „Lock Boxes" kann man hier erwerben. Was das ist? Dabei handelt es sich um eine Mischung aus Radschloss und Minitresor. Sie werden vor der Haustüre von zu besichtigenden Objekten angebracht, mittels Zahlencode kann der den Käufer vertretende Makler die Box öffnen; in ihr befindet sich der Schlüssel für die Immobilie. Der andere Makler, der die Verkäuferseite vertritt, ist bei den Besichtigungen also gar nicht dabei – bei allem Wettbewerb ist das Vertrauen in den Kollegen hoch genug und die Erfahrung zeigt: Es passiert so gut wie nie etwas. Außerdem funktioniert das TREB auch noch als Beschwerdestelle für Konsumenten (z.B. sollte in einem Inserat etwas falsch angegeben sein, was aufgrund des MLS aber auch kaum vorkommt), es lobbyiert auf hohem Niveau und wird von der Politik und der Wirtschaft auch ernst genommen, es fungiert als Schlichtungsstelle und Mediator und betreibt eigene Trainingszentren für die tausenden Aus- und Weiterbildungskurse, die es anbietet.

Das TREB und auch das Multi-Listing-System haben sich als sogenannte Grass-Root-Bewegung ergeben. In den 50er-Jahren gab es erste Zusammenschlüsse der Makler, verfeinert wurde das MLS dann in den 1990ern. Erst seit damals werden auch die Adressen in das System eingegeben. Ob das ein Sicherheitsthema sei? David Brown aus dem Management von RE/Max Canada, schiebt auf diese Frage die Unterlippe nach vor und meint lediglich: „Ich kann nur aus der Erfahrung heraus sprechen, es ist noch nie etwas passiert." Und auch auf andere Ideen aus Österreich reagieren die Kanadier eher irritiert. Als ein Österreicher dem Maklerbüroinhaber Tim Syrianos das österreichische Vermarktungssystem zu erklären versucht, zieht Syrianos die Augenbrauen hoch und schweigt. Nach einer kurzen Pause fragte er nach: „Das verstehe ich nicht. Wie kann es sein, dass Makler verschiedene Verträge mit einem Abgeber haben?" Eine andere RE/MAXianerin: „Oh! Interessant! Da muss es schwierig sein, einen neutralen Preis zu bekommen. Wie geht denn das?"

V. Mehr!

A. Rechtliche Hintergründe (Bernadette Zelger)

1. Anhang zu den Verbraucherschutzbestimmungen nach dem FAGG

Haustürgeschäft und Rücktritt beim Immobiliengeschäft nach den Bestimmungen des KSchG

Die Bestimmung des § 3 KSchG, wonach der Verbraucher, wenn er seine Vertragserklärung weder in den Geschäftsräumlichkeiten des Unternehmers noch bei einem vom Unternehmer auf einer Messe oder einem Markt benützten Stand abgegeben hat (sogenanntes Haustürgeschäft), den Rücktritt vor Zustandekommen des Vertrages und danach noch binnen einer Frist von 14 Tagen[60] erklären kann, kommt bei Immobiliengeschäften regelmäßig nicht zur Anwendung. Gemäß § 3 Abs 3 Z 1 KSchG steht dem Verbraucher das Rücktrittsrecht nämlich dann nicht zu, wenn er das Geschäftsverhältnis mit dem Auftraggeber „angebahnt" hat. Da im Fall des Immobiliengeschäftes

[60] Die Frist von 14 Tagen wurde mit dem VRUG eingeführt. Zuvor galt eine Frist von einer Woche.

regelmäßig der Verbraucher Kontakt zum Makler aufnimmt, sind derartige Geschäfte häufig der Anwendung des § 3 KSchG entzogen. Sofern § 3 KSchG jedoch – mangels Anbahnung durch den Verbraucher – anwendbar ist, besteht eine absolute Frist für das Rücktrittsrecht von einem Jahr und 14 Tagen, die durch das VRUG neu eingeführt wurde.

Für Immobiliengeschäfte wurde vom Gesetzgeber jedoch – aufgrund des aus rechtspolitischer Sicht jedenfalls erforderlichen Schutzes des Verbrauchers – eine Rücktrittsmöglichkeit vom Immobiliengeschäften in § 30 a KSchG normiert, die eine Überrumpelung von Verbrauchern bei Besichtigungsterminen verhindern soll.[61] Gemäß § 30 a KSchG kann der Verbraucher daher von einer Vertragserklärung, die von ihm an jenem Tag, an dem er das Vertragsobjekt das erste Mal besichtigt hat, abgegeben wurde, zurücktreten, sofern der Erwerb der Deckung des dringenden Wohnbedürfnisses des Verbrauchers oder eines nahen Angehörigen dienen soll. Das Rücktrittsrecht besteht daher nur, sofern das Objekt, das gemietet oder erworben werden soll, der Befriedigung eines dringenden Wohnbedürfnisses dient. Die Frist für die Rücktrittserklärung beträgt eine Woche nach Vertragserklärung und hat zudem schriftlich zu erfolgen. Anders als in § 3 KSchG beginnt die Rücktrittsfrist daher nicht erst mit dem Zustandekommen des Vertrages, sondern bereits mit der Vertragserklärung des Verbrauchers, allerdings erst nach Aushändigung einer Zweitschrift über die Vertragserklärung und eine Belehrung über das Rücktrittsrecht.[62] Wird die Rücktrittserklärung an den eingeschrittenen Makler gerichtet, so soll die Rücktrittserklärung ausdrücklich auch einen allenfalls im Zuge der Vertragserklärung abgeschlossenen Maklervertrag umfassen, und zwar auch dann, wenn dies der Rücktrittserklärung nicht eindeutig zu entnehmen ist.[63] Das Rücktrittsrecht erlischt spätestens nach Ablauf eines Monats nach erstmaliger Besichtigung des Objekts.

Nach § 30b KSchG ist der Immobilienmakler außerdem verpflichtet, dem Verbraucher vor Abschluss des Maklervertrages eine schriftliche Übersicht mit folgendem Inhalt zu übergeben:

---

[61] *Krejci* in *Rummel*, ABGB3, § 30a KSchG Rz 1.

[62] § 30a Abs. 3 KSchG.

[63] *Krejci* in *Rummel*, ABGB3, § 30a KSchG Rz 19.

- Hinweis auf sein Einschreiten als Makler.
- Angabe sämtlicher dem Verbraucher aus dem Abschluss des zu vermittelnden Geschäfts voraussichtlich erwachsenden Kosten (z.B. GrESt, Kosten für die Vergebührung des Mietvertrags etc.) inklusive Vermittlungsprovision, deren Höhe gesondert auszuweisen ist.
- Hinweis auf ein allfälliges wirtschaftliches oder familiäres Naheverhältnis im Sinn des § 6 Abs. 4 dritter Satz MaklerG.
- Hinweis auf seine Tätigkeit als Doppelmakler.

Verbraucherschutzbestimmungen nach dem FAGG

Für (i) Fernabsatz- und (ii) außerhalb von Geschäftsräumen geschlossene Verträge zwischen Unternehmern und Verbrauchern (i.S.d. § 1 KSchG; siehe dazu zuvor) wurden mit Inkrafttreten des FAGG am 13. Juni 2014 EU-weit harmonisierte Verbraucherrechte eingeführt.

Für außerhalb von Geschäftsräumen geschlossene Verträge nennt das FAGG drei Fallgruppen, deren wesentliches, gemeinsames Merkmal das Zustandekommen eines Vertrages außerhalb der Geschäftsräumlichkeiten des Unternehmers ist.[64] Unter Fernabsatzgeschäften versteht man Geschäfte, die ohne gleichzeitige körperliche Anwesenheit des Unternehmers und des Verbrauchers im Rahmen eines für den Fernabsatz organisierten Vertriebs- oder Dienstleistungssystems geschlossen werden, wobei bis einschließlich des Zustandekommens des Vertrages ausschließlich Fernkommunikationsmittel verwendet werden.[65]

---

[64] § 3 Abs. 1 FAGG: (i) den Vertrag, der außerhalb von Geschäftsräumen des Unternehmers, unter gleichzeitiger Anwesenheit von Verbraucher und Unternehmer geschlossen wird, (ii) den Vertrag, für den der Verbraucher unter den unter (i) genannten Umständen ein Angebot macht sowie (iii) den Vertrag, der in den Geschäftsräumen des Unternehmers oder durch Fernkommunikationsmittel geschlossen wird, unmittelbar nachdem der Verbraucher an einem anderen Ort als den Geschäftsräumen des Unternehmers bei gleichzeitiger körperlicher Anwesenheit des Unternehmers oder dessen Beauftragten und des Verbrauchers persönlich und individuell angesprochen wurde, oder (iv) den Vertrag, der auf einem Ausflug geschlossen wird, der von einem Unternehmer oder von dessen Beauftragten in der Absicht oder mit dem Ergebnis organisiert wurde, dass der Unternehmer für den Verkauf von Waren oder die Erbringung von Dienstleistungen beim Verbraucher wirbt oder werben lässt und entsprechende Verträge mit dem Verbraucher abschließt.

[65] § 3 Abs. 2 FAGG.

Durch das FAGG wurde neben umfangreichen Informationspflichten des Unternehmers, die – damit der Verbraucher überhaupt an den Vertrag oder eine Vertragserklärung gebunden ist – diesem vorab zur Kenntnis gebracht werden müssen, in § 11 FAGG auch ein Rücktrittsrecht des Verbrauchers eingeführt. Diesem zufolge ist der Verbraucher berechtigt, von einem abgeschlossenen Fernabsatz- oder außerhalb von Geschäftsräumen geschlossenen Vertrag binnen 14 Tagen ohne Angabe von Gründen zurückzutreten. Dabei beginnt die Frist zum Rücktritt mit dem Tag des Vertragsabschlusses zu laufen.[66] Auch über das Rücktrittsrecht hat der Unternehmer den Verbraucher im Rahmen der im FAGG determinierten Informationspflicht vorab aufzuklären,[67] widrigenfalls sich die Rücktrittsfrist von 14 Tagen um zwölf Monate verlängert.[68] Der Unternehmer kann seine diesbezügliche Informationspflicht jedoch binnen zwölf Monaten nachholen. Diesfalls endet die 14-Tages-Frist nach dem Zeitpunkt, zu dem der Verbraucher die Information vom Unternehmer erhalten hat.[69]

Das bedeutet, dass der Verbraucher – ungeachtet einer allfälligen bereits begonnenen oder gar gänzlichen Erfüllung des Vertrages seitens des Unternehmers – 14 Tage ohne Angabe von Gründen vom Vertrag zurücktreten kann.

Für den Fall, dass der Verbraucher ein Tätigwerden des Unternehmers (Beginn der Vertragserfüllung) vor Ablauf der 14-tägigen Rücktrittsfrist wünscht, determiniert das FAGG, dass der Unternehmer in diesem Fall den Verbraucher aufzufordern hat, ihm ein ausdrücklich auf diese vorzeitige Vertragserfüllung gerichtetes Verlangen zu erklären. Im Fall eines außerhalb von Geschäftsräumen geschlossenen Vertrages hat diese Erklärung auf einem dauerhaften Datenträger zu erfolgen.[70]

---

66 § 11 Abs. 2 Z 1 FAGG.

67 § 4 Abs. 1 Z 8 FAGG.

68 § 12 Abs. 1 FAGG.

69 § 12 Abs. 2 FAGG.

70 § 10 FAGG.

2. Anhang: Derzeitige Provisionen

Allgemeines

Der Maklervertrag ist im Zweifel entgeltlich. Sofern daher zur Höhe des Provisionsanspruches nichts vereinbart wurde, steht dem Makler eine ortsübliche bzw. angemessene Provision zu.[71] Die ImmoMaklerVO sieht für Immobilienmakler Höchstgrenzen hinsichtlich der vereinbarten Provisionen vor.[72]

Der Provisionsanspruch setzt das Bestehen eines Maklervertrages voraus. Wie bereits an anderer Stelle ausgeführt, kommt ein solcher zwischen dem Makler und interessierten Verbrauchern häufig konkludent zustande, wenn sich interessierte Verbraucher der Dienste eines Maklers bedienen, indem sie der Leistung des Maklers nicht widersprechen und es durch den Hinweis des Immobilienmaklers auf seine Provisionserwartung (was laut Rechtsprechung des OGH ausreicht[73]) letztlich zum (konkludenten) Abschluss einer Provisionsvereinbarung mit dem Interessenten kommt.

Grundsätzlich wird die Tätigkeit des Maklers erfolgsbezogen entlohnt. Dem Makler steht ein Anspruch auf Provision daher nur dann zu, wenn das zu vermittelnde Geschäft durch die vertragsgemäße verdienstliche Leistung des Maklers auch tatsächlich zustande kommt.

Neben der Tatsache, dass ein Geschäft auch tatsächlich zustande kommt, muss die vom Makler in diesem Zusammenhang erbrachte Leistung zudem kausal und adäquat für den Geschäftsabschluss gewesen sein (sogenannte Kausalität und Adäquanz); daher ist ein adäquater Kausalzusammenhang der Tätigkeit in der Regel dann nicht gegeben, wenn das Geschäft auch ohne Zutun des Maklers zustande gekommen wäre. Für das Bejahen der Adäquanz ist zudem entscheidend, ob die an sich verdienstliche und kausale Tätigkeit des Immobilienmaklers für das letztlich zustande gekommene Geschäft bei wertender Betrachtung der Gesamtumstände im konkreten Einzelfall auch als adäquat angesehen werden kann. So hat der OGH beispielsweise das Vorliegen eines adäquater Kausalzusammenhanges in einem Fall verneint, in dem der Vermittlungsversuch wegen Preisvorstellungen gescheitert war, der Kauf

71 § 8 Abs. 1 MaklerG.

72 §§ 11 ff. ImmoMaklerVO.

73 OGH 20.3.2007, 10 Ob 26/07g mwN.

jedoch letztlich über ein privates Inserat des Verkäufers und ohne Zutun des Maklers erfolgte.[74]

Eine rein tätigkeitsbezogene Entlohnung, ohne dass das zu vermittelnde Geschäft zustande kommt, kennt das MaklerG nicht.[75]

Der Immobilienmakler als Nachweismakler

Die bloße Namhaftmachung eines Dritten begründet grundsätzlich keinen Provisionsanspruch und muss der Makler, sofern er einen derartigen Anspruch begründen möchte, über die bloße Namhaftmachung hinaus vermittelnd tätig werden.[76]

Gemäß § 6 Abs. 2 MaklerG gilt jedoch Gegenteiliges, sofern für den betreffenden Geschäftszweig ein abweichender Gebrauch besteht. Ein entsprechender, abweichender Gebrauch besteht für den Geschäftszweig des Immobilienmaklers.[77] Die Namhaftmachung eines dem Auftraggeber bisher unbekannten Dritten durch den Immobilienmakler begründet daher, bei erfolgreichem Vertrags- bzw. Geschäftsabschluss, einen Provisionsanspruch desselben. Zur Erfüllung der für den Provisionsanspruch erforderlichen vertragsgemäßen, verdienstlichen Leistung des Maklers ist daher keine über die Bekanntgabe der Geschäftsmöglichkeit hinausgehende Zuführungs- oder Vermittlungstätigkeit vonseiten des Maklers erforderlich.[78]

Bei Namhaftmachung ohne Einverständnis des Verfügungsberechtigten (einer Immobilie) verhält sich der Immobilienmakler zwar standeswidrig,[79] jedoch hat dies keinerlei negativen Einfluss auf die Verdienstlichkeit der Tätigkeit (*daher* der Namhaftmachung eines Interessenten durch den Immobilienmakler als Nachweismakler), weil die Art und Weise, wie sich der Makler Kenntnis von der Geschäftsmöglichkeit verschafft hat, in diesem Zusammenhang unbedeutend ist.[80]

---

[74] RIS-Justiz RS 0062752 Beisatz wie T1, T2 und T4.

[75] § 6 Abs. 1 MaklerG.

[76] § 6 Abs. 2 MaklerG.

[77] *Gartner/Karandi*, Kurzkommentar Maklergesetz², § 6 Rz 18 mwN.

[78] Von Nebenpflichten, wie Informations- und Aufklärungspflichten insbesondere bei Verbrauchergeschäften, ist der Nachweismakler jedoch jedenfalls nicht befreit.

[79] § 4 Abs. 1 Z 1 ImmoMaklerVO.

[80] *Gartner/Karandi*, Kurzkommentar Maklergesetz², § 6 Rz 24 mwN.

Abschließend sei noch erwähnt, dass ein Provisionsanspruch des Maklers nach den Bestimmungen des MaklerG auch dann besteht, wenn zwar nicht das ursprünglich zu vermittelnde Geschäft, jedoch ein diesem dem Zweck und der wirtschaftlichen Bedeutung gleichwertiges Geschäft zustande kommt.[81]

Zahlungspflicht

Der Immobilienmakler ist, kraft Geschäftsgebrauch und entsprechender gesetzlicher Regelung, Doppelmakler und daher in der Regel für den Auftraggeber und zugleich für den Dritten tätig.[82]

Abweichend von der Grundregel des § 5 Abs. 1 MaklerG, wonach der Makler für seine Doppeltätigkeit die ausdrückliche Zustimmung des Auftraggebers benötigt, besteht für Immobilienmakler in § 17 MaklerG eine Mitteilungspflicht daher grundsätzlich nur, sofern sie nicht auch für den Dritten tätig werden. Nach den im KSchG geregelten besonderen Aufklärungspflichten des Immobilienmaklers[83] hat dieser jedoch wiederum gegenüber Verbrauchern sehr wohl auf seine Tätigkeit als Doppelmakler in den gemäß § 30b KSchG vor Vertragsabschluss zu übergebenden Unterlagen hinzuweisen. Gegenüber Unternehmern entfällt diese Hinweispflicht und es gilt die Grundregel des § 17 MaklerG.

Die Pflicht zur Zahlung der Provision des Immobilienmaklers trifft daher in der Regel sowohl den Auftraggeber als auch den interessierten Verbraucher.

Entfall des Provisionsanspruches

Unter gewissen Voraussetzungen kann der Provisionsanspruch auch wieder entfallen.[84] Grundsätzlich entsteht der Provisionsanspruch zwar mit (rechtswirksamem) Abschluss des vermittelten Geschäfts, dieser kann aber dennoch dann entfallen, wenn feststeht, dass der Vertrag zwischen dem Dritten und dem Auftraggeber aus Gründen, die nicht vom Auftraggeber zu vertreten sind, nicht ausgeführt wird.[85] Dabei trifft den Auftraggeber die Beweislast. Um sich von der Zahlungspflicht des Provisionsanspruches zu befreien, muss

81 § 6 Abs. 3 MaklerG.

82 § 17 MaklerG.

83 § 30b KSchG.

84 § 7 Abs. 2 MaklerG.

85 *Gartner/Karandi*, Kurzkommentar Maklergesetz^2, § 7 Rz 10 mwN.

der Auftraggeber daher nachweisen, dass die Ausführung des vermittelten Geschäfts ohne sein Verschulden unmöglich oder unzumutbar wurde.[86]

Keine Provision steht dem Makler zudem zu, wenn er selbst Partner des Geschäftes wird. Sofern es sich jedoch um Geschäfte mit Personen, die zum Makler ein familiäres oder wirtschaftliches Naheverhältnis aufweisen, handelt, hat der Makler zur Wahrung seines Provisionsanspruches den Auftraggeber auf dieses Naheverhältnis hinzuweisen.[87]

Minderung des Provisionsanspruches

Nachlässe, die der Auftraggeber dem Dritten gewährt, vermindern die Berechnungsgrundlage der Provision dann, wenn sie schon beim Abschluss des Geschäfts vereinbart wurden, daher vermindern nachträglich gewährte Nachlässe den Provisionsanspruch nicht.[88] Zudem kann im B2C-Bereich eine Verletzung der den Immobilienmakler treffenden Aufklärungspflicht nach den Bestimmungen des KSchG[89] den Verbraucher zur Minderung der Provision berechtigen[90] oder auch eine Anfechtung des Vertrages wegen Irrtums begründen.[91]

Ersatz von Aufwendungen und Provisionsvereinbarungen bei fehlendem Vermittlungserfolg

Wie bereits ausgeführt ist die Entlohnung des Maklers erfolgsabhängig. Ein Anspruch des Maklers auf Aufwandersatz für erfolglose Handlungen und Bemühungen des Maklers besteht daher nicht. Grundsätzlich besteht auch bei Aufwendungen im Zusammenhang mit zusätzlichen Aufträgen eine Ersatzpflicht des Auftraggebers nur dann, sofern eine solche ausdrücklich vereinbart wurde. Dies gilt auch dann, wenn das angestrebte Geschäft nicht zustande kommt.[92] Zur Wirksamkeit einer Vereinbarung in den vorgenannten Fällen hat eine solche im B2C-Bereich schriftlich zu erfolgen.[93]

---

86 *Gartner/Karandi*, Kurzkommentar Maklergesetz², § 7 Rz 12 mwN.
87 § 6 Abs. 4 MaklerG.
88 *Gartner/Karandi*, Kurzkommentar Maklergesetz², § 8 Rz 11 mwN.
89 § 30b KSchG.
90 § 30b KSchG i.V.m. § 3 Abs. 4 MaklerG.
91 *Gartner/Karandi*, Kurzkommentar Maklergesetz², § 8 Rz 6 mwN; Irrtum über Provisionshöhe.
92 § 9 MaklerG.
93 § 31 KSchG.

Zudem ist bei fehlendem Vermittlungserfolg die Vereinbarung eines Betrages als Entschädigung oder Ersatz für Aufwendungen und Mühewaltung unter den in § 15 des MaklerG angeführten Voraussetzungen bis zur Höhe der vereinbarten oder ortsüblichen Provision möglich.

Nähere Ausführungen zum Ersatz von Aufwendungen im Zusammenhang mit zusätzlichen Aufträgen und Provisionsvereinbarungen bei fehlendem Vermittlungserfolg entnehmen Sie bitte dem Kapitel „Alternative Provisionsmodelle".

3. Voraussetzung zur Makler-Berufszulassung

Europäische Berufszulassung Immobilienmakler Verwalter

Land	Regulierung (1)	Registrierung bei Behörden erforderlich?	Ist der Zugang als Makler/Verwalter reguliert?	Wenn der Zugang reguliert ist, welche Qualifikationen werden benötigt?
Österreich	Zulassungsvoraussetzung wird benötigt	Handelskammer	Ja	Keine, aber es gilt die Registrierung und negative licensing (siehe 3.1).
Tschechien	k.A.	Ja, Freier Beruf, wird klassifiziert mit 80 anderen Berufen	Nein, aber jeder Makler muss registriert sein, versichert sein (Haftpflicht), qualifiziert sein	k.A.
Belgien	Erlass von 1993 über den Schutz des Berufstitels und die Ausübung des Berufs	Ja	Ja, aber Schwelle sehr niedrig. Obwohl der Zugang in den Niederlanden reguliert ist, gibt es trotzdem absolut gesehen mehr Makler in Belgien	Siehe Royal Decree von 1993
Deutschland	Keine Regulierung	Handelsregister	Reguliert aber Hürde sehr gering, Polizeiliches Führungszeugnis und keine finanziellen Schwierigkeiten	Reguliert aber Hürde sehr gering, Polizeiliches Führungszeugnis und keine finanziellen Schwierigkeiten

Land	Regulierung (1)	Registrierung bei Behörden erforderlich?	Ist der Zugang als Makler/Verwalter reguliert?	Wenn der Zugang reguliert ist, welche Qualifikationen werden benötigt?
Dänemark	Immobilienmakler werden reguliert; Immobilienverwalter werden nicht reguliert. Jedoch werden Verwalter indirekt duch das Handelsrecht, Schuldrecht, Geldwäschegesetz und Ähnliches natürlich schon reguliert.	Ja	Ja	Siehe Registrierung
Spanien	k.A.	k.A.	Ja	k.A.
Irland	Property Services Act von 2011	Ja. Es wird eine Lizenz benötig t	Ja	k.A.
Frankreich	Professioneller Ausweis, Bertriebshaftpflicht und Vermögenshaftpflicht	Ja, das Amt/Behörde stellt eine Authorisierungslizenz aus	Ja	Bac+3
Finnland	Gesetz reguliert, sobald Käufer/Verkäufer/Mieter oder Vermieter eine Privatperson sind	Ja, regionales Register	Ja	Siehe Registrierung. Es gibt einen offiziellen Zulassungstest. Nur wer diesen besteht, darf den Titel tragen.
Luxemburg	Reguliert/geschützt	Ja, Gründungsbüro Zulassung	Ja	60 Stunden Ausbildung
Italien	k.A .	k.A.	k.A.	k.A.
Niederlande	Keine eigene Regulierung	Nein	Nicht vom Gesetz	k.A.

Land	Regulierung (1)	Registrierung bei Behörden erforderlich?	Ist der Zugang als Makler/Verwalter reguliert?	Wenn der Zugang reguliert ist, welche Qualifikationen werden benötigt?
Polen	Regulierung	Lizenz wird ausgestellt vom Ministerium, Person wird registriert	Ja bis Ende 2013. Dann wird der Markt von der Regierung dereguliert.	Polizeiliches Führungszeugnis, keine finanziellen Schwierigkeiten, keine ausstehende Verbindlichkeiten gegenüber den Finanzbehörden oder andere Verbrechen, Diplom in Immobilienmanagement oder postgraduales Studium in irgendweinem Fach Berufserfahrung
Schweden	Registrierung notwendig beim Swedish Estate Agents Inspectorate; Betriebshaftpflicht, keine finanziellen Schulden, adäquate Ausbildung(normalerweise durch College), Geldwäschegesetz	Ja, bei der schwedischen Aufsichtsbehörde	Ja	
UK	Negative licensing, es gibt keine Regulierung, aber das Office of Fair Trading, welches Verwarnungen und Berufsverbote aussprechen kann	Ja, Verbraucherschutzbehörde	Keine, aber es gilt die Registrierung und negative licensing	k.A.

(1) gesetzliche Bestimmungen zum Schutz der Berufsbezeichnung, Ausübung und Zulassung

STICHWORTVERZEICHNIS

A

Abgeberprovisionsmodell 156
Agentur 28, 83, 133, 153
Akquise 16, 18, 39, 51, 62, 99, 102, 128, 143

B

Bauträger 14, 95, 97, 99, 124, 131, 136, 142, 162
Besichtigung 28, 36, 39, 56, 79, 81, 89, 92, 104, 126, 127, 130, 133
Besichtigungsprozess 29
Besichtigungstermin 26, 38, 105
Bewertung 18, 56, 58 f., 61, 64, 122, 133
Bewertungsabteilung 90
Bewertungseinschätzung 123
Bewertungssoftware 61

C

Competitive-Market-Analyse 110

D

Doppelvertretung 17, 28, 56, 98, 103, 121, 162, 177
Drohne 82, 83

E

Ethik 124
Europa 31, 115
Europäischer Vergleich 107
Exposé 18, 38, 59, 82, 91, 105, 111, 121, 125, 127, 130, 164
Exposéservice 57

F

Facebook 78, 84, 136, 147, 148, 177
Farming 118, 128

H

Hologramm 82

I

Immobilienwertschöpfung 51
Immobilienwertschöpfungskette 84
Internet of Things 79 f., 85

K

Kickback 16, 162
Konsument 14, 17, 19, 23, 57, 62, 65, 71, 99, 116, 124, 134, 178
Kurzexposé 90

M

Maklerbewertungsplattform 120
Maklerprovision 163
Mediation 39, 106, 121
Metasuchmaschine 53
MLS 16, 98, 101, 108, 126, 177
Musikindustrie 45

O

Objektbewertung 61

P

Paket 63, 70, 75, 90 f., 101, 126, 165, 166
Paketpreis 52
Preissensibilität 14, 97, 126, 130
Proptech 51, 55, 78, 125

Provision 28, 37 f., 41, 56, 103, 105, 107, 127, 185
Provisionsanspruch 25
Provisionsfreiheit 14, 78
Provisionskürzung 15
Provisionsloses Geschäft 48
Provisionsmodell 88
R
Remarketing 146
S
Senioren 129
SEO 36, 48, 56, 150, 152
Spracherkennungs-App 62
Student 68, 77, 126, 128
Suchmakler 98, 124
V
Virtuelle Realität 81
W
Wertermittlung 28, 61, 64, 102
Wertermittlungsplattform 62
Wertschöpfung 103
Wertschöpfungskette 9, 44
Z
Zerstückelung 92